主　编◎代晓冬
副主编◎欧阳俊杰　王　浩　王　益
　　　　闵　毅　　陈家春

U0616669

普通话语音与口语表达训练教程

西南交通大学出版社

图书在版编目（CIP）数据

普通话语音与口语表达训练教程 / 代晓冬主编. —
成都：西南交通大学出版社，2012.8（2018.1 重印）
ISBN 978-7-5643-1848-2

Ⅰ.①普… Ⅱ.①代… Ⅲ.①普通话－职业教育－教
材 Ⅳ.①H102

中国版本图书馆 CIP 数据核字（2012）第 176385 号

普通话语音与口语表达训练教程

主编　代晓冬

责 任 编 辑	邹　蕊
封 面 设 计	何东琳设计工作室
出 版 发 行	西南交通大学出版社 （成都二环路北一段 111 号）
发行部电话	028-87600564　028-87600533
邮 政 编 码	610031
网　　　址	http://press.swjtu.edu.cn
印　　　刷	成都蓉军广告印务有限责任公司
成 品 尺 寸	146 mm×208 mm
印　　　张	5.75
字　　　数	157 千字
版　　　次	2012 年 8 月第 1 版
印　　　次	2018 年 1 月第 2 次
书　　　号	ISBN 978-7-5643-1848-2
定　　　价	12.50 元

图书如有印装质量问题　本社负责退换

版权所有　盗版必究　举报电话：028-87600562

目　录

上编　普通话语音语法训练

下编　普通话口语表达训练

附　录

上编

普通话语音语法训练

第一章　普通话语音常识

一、语音的属性

语音是指由人的发音器官发出来的具有一定意义的声音。它具有三大属性：物理性、生理性、社会性。

（一）物理性

每一种声音都是一种物理现象，都可以从高低、强弱、长短及独具的音色四个方面加以分析，语音也不例外。

1. 音　高

音高就是声音的高低。它决定于发音体在一定时间里颤动的次数，次数越多，声音越高；反之声音越低。语音的高低取决于声带的厚薄、长短、松紧。一般说来，女子和小孩的声带比较薄、比较短，故声音高；男子的声带比较厚、比较长，故声音低。同一个人的发音也有高有低，这是人们对声带松紧进行控制的结果。在普通话语音中，音高跟声调有密切关系，声音的高低构成了声调的差别，声调的不同造成了音节意义的不同，如"shí"（时）与"shǐ"（始）就是这样。

2. 音　强

音强就是声音的强弱。它决定于发音体振动幅度的大小。发音体声带振幅大，声音就强；反之，声音就弱。音强与普通话轻重音格式有密切关系。音强的不同可以构成词语的轻重音，词语的轻重音格式不同有时可以区别意义，如"地道 dìdào"和"地道 dìdao"就不是同一个意思。

3. 音　长

音长就是声音的长短。这是由发音体振动时间的长短决定的。声带振动持续的时间长，声音就长；声带振动持续时间短，声音就短。音长在普通话里没有明显的区别意义的作用。

4. 音　色

音色就是声音的特色和个性。造成不同音色的原因主要是发音体不同、共鸣器形成不同以及发音方法不同。由于每个人的发音器官构造不可能完全一样，这就造成了不同的人有不同的音色。

（二）生理性

语音是由人的发音器官发出的，是发音器官协调运动的产物，因而语音具有生理性。

人的发音器官由三部分构成：呼吸器官（肺和气管）、振动器官（喉头和声带）、共鸣器官（口腔和鼻腔）。

1. 呼吸器官

呼吸器官包括肺和气管。人在发音时，由肺呼出的气流，经过气管达到喉头，振动了声带、喉头等发音体，才发出了声音，可以说，气息是发音的动力，因此，肺和气管又可称为动力器官。

2. 振动器官

喉头和声带是发音的振动器官。声带是两片富有弹性的薄膜，位于喉头中间，前端附着于甲状软骨上，后端连着两块构状软骨下。后端可以分合，前端不能。两片声带中间的缝隙叫声门，声门可以闭合或者张开。从肺部呼出的气流通过关闭着的声门时，就引起声带振动，发出声音。人们控制声带的松紧，可以产生高低不同的声音。

3. 共鸣器官

口腔和鼻腔是人体发音的共鸣器官。人类能发出许多不同的声音，主要靠共鸣器官调节。鼻腔的形状固定不变，但它与口腔之间有一道上下升降的活动门 —— 软腭和小舌。当软腭和小舌下垂，门打开时，可以发出各种类型的鼻音或鼻化音（气流从口腔、鼻腔同时呼出发的音就叫"鼻化音"）。当软腭和小舌上升，门关上时，可以发出不含鼻音的口音（即气流完全从口腔呼出发的音）。口腔中的舌头和下腭通常称为积极的发音器官，因为它们的活动，人类的语音才变得千姿百态、丰富多彩。

（三）社会性

语言是一种社会现象，具有社会性。作为语言三要素（语音、词汇、语法）之一的语音自然也具有社会性。一种事物的指称意义用什么声音表达，必须得到社会成员的共同确认，才会起到交际作用。四川人一般都明白"ngǒ"是指"我 wǒ"，但非四川人不一定就明白。四川人把"翅膀 chìbǎng"念成"zhìbǎng"或"zìbǎng"，这是大家约定俗成的语言习惯，四川人都能明白这样说的含义。

社会性是语音的本质属性。

二、语音的概念

1. 音　节

音节是语音结构的基本单位，是从听觉上最容易察觉到的语音的自然单位。在汉语里，一般一个汉字就是一个音节，如"光明磊落"四个字就是四个音节。但是，儿化音节都是由两个汉字构成的，如"兔儿 tùr"。

2. 音　素

音素是语音的最小单位，它是从音色的角度划分出来的。汉语的音节是由音素构成的，汉语的一个音节可以由 1 ~ 4 个音素构成。例如，"饿 è"、"他 tā"、"内 nèi"、"想 xiǎng"分别是由一、二、三、四个音素构成的。普通话共有 32 个音素，其中，元音音素 10 个，辅音音素 22 个。

3. 元　音

发音时，气流在口腔不受阻碍的音叫元音。普通话共有十个元音音素，分别是 a，o，e，i，u，ü，ê，-i[ʅ]，-i[ʅ]，er。元音是普通话韵母的主要成分。这十个元音可以单独成为韵母，也可以由两个或三个复合在一起成为韵母（-i[ʅ]，-i[ʅ] 和 er 不能与其他元音组合成韵母，只能独立成为韵母），还可以由一个或两个元音加一个辅音 n 或 ng 构成韵母。

4. 辅　音

发音时，气流在口腔内受到阻碍的音叫辅音。普通话有 22 个辅音音素，它们是：b，p，m，f，d，t，n，l，g，k，h，j，q，x，z，c，s，zh，ch，sh，r，ng。除 ng 外，其余 21 个辅音构成普通话的声母，ng 只能作普通话的韵尾。

声母、韵母、声调详见后面各章解释。

第二章　普通话的声母

一、声母的概念

　　声母是指汉语音节开头的辅音。普通话共有 21 个由辅音充当的声母，它们具有辨义的作用。

　　普通话有的音节开头没有辅音声母，我们习惯上把它们叫做"零声母"，把这样的音节叫做"零声母音节"。

　　发音部位和发音方法不同，构成的声母也不同。

二、声母的分类

（一）按发音部位分类

发音部位是指发辅音时，参与节制气流的发音器官的部位。

普通话的 21 个辅音声母，根据发音部位的不同分成七大类（见图 2.1）。

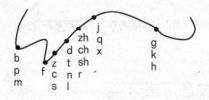

图 2.1

1. 双唇音

双唇音发音时，上唇和下唇闭合，形成阻碍。它们是 b，p，m。

2. 唇齿音

唇齿音发音时，由上齿和下唇内缘轻轻接触形成阻碍，仅有 f 一个音。

3. 舌尖前音

舌尖前音发音时，由舌尖和上门齿背接触或接近形成阻碍，它们是 z，c，s。

4. 舌尖中音

舌尖中音由舌尖和上齿龈接触形成阻碍，它们是 d，t，n，l。

5. 舌尖后音

舌尖后音由舌尖与硬腭前端接触或接近形成阻碍，又名翘舌音，它们是 zh，ch，sh，r。

6. 舌面音

舌面音是舌尖下垂在下门齿背后，由舌面和硬腭前部接触或接近形成阻碍，它们是 j，q，x。

7. 舌根音

舌根音由舌根（即舌面后部）与软腭接触或接近，形成阻碍，它们是 g，k，h。

（二）按发音方法分类

所谓发音方法就是说这个辅音是怎样发出来的，也就是气流透出过程中构成阻碍和克服阻碍的方式、气流的强弱以及声带是否颤动等。普通话声母的发音方法可以从以下三个方面来分析。

1. 根据构成阻碍和克服阻碍的方式不同分类

根据构成阻碍和克服阻碍的方式不同，普通话声母可以分为：塞音、擦音、塞擦音、鼻音和边音五类。

（1）塞音：发音时，构成阻碍的两个部位完全闭塞，阻住气流，然后突然打开，让气流爆破成声，它们是 b, p, d, t, g, k。

（2）擦音：发音时，构成阻碍的两个部位接近后形成窄缝，气流从窄缝中间摩擦出来成声，它们是 f, h, x, sh, s, r。

（3）塞擦音：发音时，构成阻碍的两个部位完全闭塞，阻住气流，然后略微打开，形成一条窄缝，气流从窄缝中摩擦出来成声，它们是 z, c, zh, ch, j, q。

（4）鼻音：发音时，构成阻碍的两个部位完全闭塞，软腭下垂，关闭口腔通路，打开鼻腔通路，声带颤动，气流从鼻腔中出来成声，它们是 m, n。

（5）边音：发音时，舌尖和上齿龈稍后的部位接触构成阻碍，阻住气流，软腭上升，关闭鼻腔通路，打开口腔通路，使气流沿舌的两边上从口腔中出来成声，只有一个边音 l。

2. 根据发音时声带是否颤动分类

根据发音时声带是否颤动，普通话声母可分为清音和浊音两大类。

（1）清音：指发音时，声带不颤动的辅音。它们是 b, p, f, z, c, s, d, t, zh, ch, s, h, j, q, x, g, k, h。

（2）浊音：指发音时，声带颤动的辅音。它们是 m, n, l, r。

3. 根据发音时透出气流的强弱分类

根据发音时透出气流的强弱，普通话辅音声母可分为送气音和不送气音两类。

（1）送气音：指发音时，从口腔中透出较强气流的辅音，它们是 p, t, k, q, ch, c。

（2）不送气音：指发音时，从口腔中透出较弱气流的辅音，它们是 b，d，g，j，zh，z。

普通话只有塞音和塞擦音能够区分送气与不送气音。

具体区分见表2.1。

表2.1　普通话声母表

发音部位＼发音方法	塞音		塞擦音		擦音		鼻音	边音
	清	清	清					
	不送气	送气	不送气	送气	清	浊	浊	浊
双唇音	b [p]	p [p']					m [m]	
唇齿音					f [f]			
舌尖前音			z [ts]	c [ts']	s [s]			
舌尖中音	d [t]	t [t']					n [n]	l [l]
舌尖后音			zh [tʂ]	ch [tʂ']	sh [ʂ]	r [ʐ]		
舌面音			j [tɕ]	q [tɕ']	x [ɕ]			
舌根音	g [k]	k [k']			h [x]			

三、声母的发音

（一）双唇音的发音

1. b[p]　不送气、清、塞音

发音时，双唇完全闭塞，双唇中间用力，然后突然打开，冲出

较弱气流，爆破成声。发音例字：

兵 bīng　雹 báo　表 biǎo　绊 bàn

2. p[p'] 送气、清、塞音

发音时，双唇完全闭塞，双唇中部用力，然后突然打开，冲出较强气流，然后爆破成声。发音例字：

坡 pō　仆 pú　跑 pǎo　怕 pà

3. m[m] 浊、鼻音

发音时，双唇完全闭塞，软腭下垂，打开鼻腔通路，关闭口腔通路，气流从鼻腔透出成声，声带颤动。发音例字：

妈 mā　民 mín　美 měi　慢 màn

4. 易出现的问题及纠正的方法

（1）发双唇音时裹唇。纠正方法：发音时双唇内缘接触，人中下方双唇用力发音。

（2）发 m 音时，口腔没有完全闭合，部分气流从口腔出来，鼻音色彩不浓；或声带颤动较弱，听感上声音比较偏后、偏高，浊音色彩不够。纠正方法：发 m 时，一定要双唇紧闭，关闭口腔通路，软腭下垂，声带要颤动，让气流完全从鼻腔里出来。

（二）唇齿音的发音

1. f[f] 清、擦音

发音时，上齿与下唇内缘接触，气流从唇齿缝之间摩擦出来成声。发音例字：

飞 fēi　福 fú　粉 fěn　废 fèi

2. 易出现的问题及纠正方法

（1）上齿咬住下唇发音。纠正方法：发 f 时上门齿和下唇内缘

轻轻接触发音。

（2）把 f 发成 h。纠正方法：就发音特点而言，普通话声母 h 与 f 的发音方法相同，都是擦音，只是发音部位不同。f 是唇齿音，发音时是由上齿和下唇内缘接触，注意舌面后部不要抬高，同时唇形拢圆；h 是舌根音，发音时是舌根与软腭接近，要避免下唇和上齿接触。所以要发准 f 音，必须使用上门齿和下唇内缘，不要让舌面后部（舌根）参与发音。

（三）舌尖前音的发音

1. z[tʂ]　不送气、清、塞擦音

发音时，舌尖平伸，抵住上齿背，较弱气流冲开一条窄缝摩擦出来成声，声带不颤动。发音例字：

增 zēng　杂 zá　早 zǎo　纵 zòng

2. c[tʂ']　送气、清、塞擦音

发音时，舌尖平伸，抵住上齿背，较强气流冲开一条窄缝摩擦出来成声，声带不颤动。发音例字：

猜 cāi　蚕 cán　草 cǎo　次 cì

3. s[s]　清、擦音

发音时，舌尖平伸，接近上齿背，形成间隙，气流从中摩擦出来成声，声带不颤动。发音例字：

司 sī　隋 suí　嫂 sǎo　色 sè

4. 易出现的问题及纠正方法

（1）如果发这组音时发音部位靠后，就会带上翘舌音的色彩。纠正方法：要找准部位，舌尖平放于上齿背发音、控制舌尖不要抬起，不用舌尖两边发音且舌两边不要往上翻卷。

（2）极个别人把平舌音发成齿间音，让人觉得发音者舌头有毛

病，若非生理原因，可用如下方法纠正：舌体略后缩，舌尖两边不能翻卷，平放于上齿龈处发音，照镜子时发音人不能见到舌尖置于上下门齿之间才对。

（四）舌尖中音的发音

1. d[t] 不送气、清、塞音

发音时，舌尖抵住上齿龈，阻住气流，软腭上升。关闭鼻腔通路，气流到达口腔后蓄气，然后突然解除阻塞透出较弱气流成声。发音例字：

多 duō 叠 dié 顶 dǐng 大 dà

2. t[t'] 送气、清、塞音

发音时，舌尖抵住上齿龈，阻住气流，软腭上升。关闭鼻腔通路，气流到达口腔后蓄气，然后突然解除阻塞，透出较强气流成声。发音例字：

通 tōng 屯 tún 体 tǐ 太 tài

3. n[n] 浊、鼻音

发音时，舌尖抵住上齿龈，软腭下垂，关闭口腔通路，打开鼻腔通路，气流从鼻腔透出成声，声带颤动。发音例字：

孬 nāo 农 nóng 你 nǐ 虐 nüè

4. l[l] 浊、边音

发音时，舌尖抵住上齿龈，软腭上升，打开口腔通路，关闭鼻腔通路，气流从舌前部两边出来成声，声带颤动。发音例字：

拉 lā 兰 lán 老 lǎo 力 lì

4. 易出现的问题及纠正方法

（1）多数人能念准 d，t 的本音，但 d，t 的呼读音很难发准，

主要是 e 韵发音靠前。纠正方法：请参见韵母 e 的发音要领，练习 de，te。

（2）发不出 n，把 n 念成 l；将与 i、ü或 i，ü领头的韵母相接的鼻音声母 n 念成舌面鼻音[rb]，少数地区没有 n 声母，普遍把 n 念成零声母，"牛 niú"读成"yóu"，"娘 niáng"读成"yáng"，"女 nǚ"读成"yǔ"等。尽管有些方言是没有 n 声母的，有些则是 n 和 l 的混淆，故发 n 音很困难，但是只要掌握了 n 的发音要领，发准这个声母也不难。发 n 时，舌尖抵住上齿龈，闭口，先从鼻腔里哼出一个"嗯"音，然后打开口腔发 nē，找到发 n 的发音部位。也可采用捏鼻体验法，即用手捏住鼻子发 n，若发出的 n 音正确，则能感觉到鼻腔较强的共鸣并伴有耳鸣。还可采用前鼻音韵属引导发音训练，如"安—娜ān—nà"，"看—哪 kàn—na"。

（3）鼻音过重，在带声母 n 的音节中，有人为突出 n 而把韵母中的元音也给鼻化了。纠正方法：意识上必须明确 n 声母的本音虽是鼻音，但它后面的元音不能鼻化，并且带 n 声母的音节只有开头发音的瞬间带鼻音。可采取适当延长 n 与韵母的发音时值的办法，做音节的慢速发音练习，发到元音（尤其是主要元音）时，捏住鼻翼不让声音透进鼻腔。做这种训练时最好选非鼻音尾韵音节，如"拿 ná"，"耐 nài"，"内 nèi"，"恼 nǎo"等。

（4）l 鼻化。有的人在发 l 时，软腭上提不够，没有将鼻腔通道完全关闭，有气流从鼻腔出来，使 l 带有鼻音色彩。还有如雅安的天全、宝兴、芦山等地的人，将声母 l 与 i、ü或 i，ü领头的韵母构成的字音，念成了舌面鼻音作声母。纠正方法：要发准 l，最后先学会弹动舌尖。发 l 时舌尖微卷，舌尖不抵满硬腭前部（比发 n 时靠后），然后咧开嘴，舌尖从上往下弹动发音，可连续发"啦——"或"来——""乐——"等练习。也可捏住鼻翼咧开嘴弹动舌尖发 l，意念上声音从下门齿出来。要注意，若 l 鼻化后，可见到发音者鼻子微微张开的动作，发音者也能感到鼻孔里有气息送出。

（五）舌尖后音的发音

1. zh[tʂ]　不送气、清、塞擦音

发音时，舌尖翘起，抵住硬腭前部，让较弱气流冲开一条窄缝摩擦出来成声，声带不颤动。发音例字：

知 zhī　折 zhé　展 zhǎn　治 zhì

2. ch[tʂ']　送气、清、塞擦音

发音时，舌尖翘起，抵住硬腭前部，让较强气流冲开一条窄缝摩擦出来成声，声带不颤动。发音例字：

抄 chāo　陈 chén　产 chǎn　斥 chì

3. sh[ʂ]　清、擦音

发音时，舌尖翘起，靠近硬腭前部，中间留有一条窄缝，让气流摩擦出来成声，声带不颤动。发音例字：

山 shān　神 shén　少 shǎo　是 shì

4. r[ʐ]　浊、擦音

发音时，舌尖翘起，靠近硬腭前部，形成一条窄缝，气流从中摩擦出来成声，声带颤动。发音例字：

扔 rēng　人 rén　软 ruǎn　日 rì

5. 易出现的问题及纠正方法

（1）发音部位靠前，听起来有点像"平舌音"。纠正方法：发音时，注意舌尖不要对着上齿龈发音，舌尖稍稍后缩，舌尖前部上举，舌尖接触（zh，ch）或接近（sh）硬腭的最前端即可。

（2）发音部位靠后，听起来有点像"卷舌音"。纠正方法：发音时，舌尖不要过于后卷，使接触硬腭的面积过大，而应舌头前部上举、舌尖接触或接近硬腭最前端发音。

（3）发音时，舌头肌肉较紧，常伴有拢唇的动作。纠正方法：发音时，要使舌尖轻巧地接触或接近硬腭最前端，舌肌放松，不紧张。

（4）发音时，口腔未打开，声音包在口腔里或鼻化。纠正方法：口腔自然张开，舌头前部上举，舌尖抵住硬腭最前端，同时软腭上升，关闭鼻腔通路发音即可。

（5）有的人发 ch，sh 时有较强的"师师"声，听起来像哨音。纠正方法：在解除阻碍、气流从窄缝中透出时，摩擦用力不能太强，要轻松自然。

（六）舌面音的发音训练

1. j[tɕ]　不送气、清、塞擦音

发音时，舌面前部抬起来接触硬腭前端，舌尖抵住下齿背，让较弱气流冲开一条窄缝摩擦出来成声，声带不颤动。发音例字：

机 jī　洁 jié　讲 jiǎng　建 jiàn

2. q[tɕ']　送气、清、塞擦音

发音时，舌面前部抬起接触硬腭前端，舌尖抵住下齿背，让较强气流冲开一条窄缝摩擦出来成声，声带不颤动。发音例字：

期 qī　晴 qíng　巧 qiǎo　欠 qiàn

3. x[ɕ]　清、擦音

发音时，舌面前部抬起接近硬腭前端，形成一条窄缝，让气流摩擦出来成声，声带不颤动。发音例字：

西 xī　霞 xiá　雪 xuě　序 xù

4. 易出现的问题及纠正方法

发音部位偏前，接近舌尖前音 z，c，s 或发音部位偏后，听起来

接近g，k，h。纠正方法：发音时，舌面前部隆起，抵住的接近硬腭最前端（发 j，q 或发 x 时）构成阻碍，让舌尖深垂到下门齿背后，一定不使舌尖或舌叶在发音中起作用，从而避免发音部位偏前或偏后。

（七）舌根音的发音训练

1. g[k] 不送气、清、塞音

发音时，舌根抬高，抵住软腭，阻住气流，然后突然打开，让较弱气流冲出成声，声带不颤动。发音例字：

高 gāo 革 gé 改 gǎi 够 gòu

2. k[k'] 送气、清、塞音

发音时，舌根抬高，抵住软腭，阻住气流然后突然打开，让较强气流冲出成声，声带不颤动。发音例字：

开 kāi 狂 kuáng 可 kě 困 kùn

3. h[x] 清、擦音

发音时，舌根抬高，靠近软腭，中间形成窄缝，气流从中摩擦出来成声，声带不颤动。发音例字：

黑 hēi 豪 háo 火 huǒ 恨 hèn

4. 易出现的问题及纠正方法

少数人受方言影响发音部位偏后，或舌面后部隆起太高，嘴角向两边咧，双唇向前腰圆。纠正方法：发音时，舌面后部（舌根）隆起，要防止舌头后缩使舌根隆得太高，双唇自然展开，让气流从舌根隆起后与软腭形成的缝隙中摩擦通过成声。

（八）零声母的发音

普通话每个音节都可以分析成声母和韵母两个部分，每个汉字

字音结构也都有声母、韵母、声调三个部分构成。没有辅音声母的音节称为零声母音节。如："安ān，袄ǎo"等，零声母也是一种声母。零声母的"零"不等于"没有"，它占有一个位置，只不过这个位置是个"虚位"。

《汉语拼音方案》的声母表里没有设计出字母来表示零声母，但韵母表中规定了隔音字母 y，w 的用法（y，w 与纯粹起隔音作用的隔音符号有区别，它不仅起分隔音节的作用，也表示一定的实际读音）。目前，小学拼音教学把它们当声母教，其实就是在 21 个辅音声母之外加上了零声母。

普通话零声母可以分为两类，一类是开口呼零声母，一类是非开口呼零声母，即除开口呼之外的齐齿呼、合口呼、撮口呼三种零声母。

开口呼零声母没有拼音字母表示。齐齿呼和撮口呼零声母音节用汉语拼音表示，是以隔音字母 y 开头，实际发音都带有轻微摩擦，是分别属辅音类的半元音[j]和[u]，合口呼零声母音节用汉语拼音表示，是以隔音字母 w 开头，实际发音也带有轻微摩擦，是半元音[w]。

四、声母练习

1. 单音节字词练习

（1）b

包　边　表　把　败　被　半

（2）p

怕　破　派　陪　跑　盘　捧

（3）m

麻　摸　买　每　毛　门　忙

（4）f

发　佛　非　否　反　分　方

（5）d

大　德　带　到　豆　但　荡

（6）t

他　特　太　套　头　谈　躺

（7）n

拿　讷　乃　内　闹　男　嫩

（8）l

拉　乐　来　类　老　楼　蓝

（9）g

歌　该　给　高　够　赶　跟

（10）k

咖　可　开　靠　口　看　肯

（11）h

哈　喝　海　黑　好　后　喊

（12）j

基　价　界　叫　就　监　禁

（13）q

其　恰　且　桥　秋　千　秦

（14）x

西　下　写　小　修　仙　信

（15）zh

之　渣　遮　摘　兆　周　战

（16）ch

吃　插　车　柴　超　抽　产

（17）sh

是　杀　社　晒　烧　手　山

（18）r

日　热　饶　肉　染　让　人

（19）z

字　杂　则　在　早　走　赞

（20）c

次　擦　才　凑　草　岑　仓

（21）s

四　洒　色　腮　嫂　艘　三

2. 鼻边音词语练习

红娘	男女	虐待	纳税	牛顿	妇女
牛奶	哪里	孬种	泥泞	浪费	侵略
落选	拉拢	类型	螺丝	快乐	来历
力量	良种				

3. 翘舌音词语练习

（1）zh

战争	种植	政治	郑重	招致	着装
纸张	转折	真挚	中止	中转	壮志
茁壮	扎针	折皱	站住	专著	周折

（2）ch

车床	超产	查抄	驰骋	插翅	愁肠
超车	铲除	惩处	出差	戳穿	出产
长城	拆除	茶场	惆怅	踌躇	抽查

（3）sh

神圣	声势	受伤	设施	事事	述说
硕士	舒适	上升	施舍	闪烁	适时
山水	摄氏	诗史	石山	逝世	手术

（4）r

柔韧	仍然	容忍	软弱	荣辱	仁人
嚷嚷	人人	褥热	如若	如日	惹人
荏苒	荣任	柔润	忍让	柔弱	柔软

4. f 和 h 的对比练习

公费 —— 会费　　船夫 —— 传呼
俯视 —— 虎视　　放荡 —— 晃荡
反冲 —— 缓冲　　翻阅 —— 欢悦
风干 —— 烘干　　发誓 —— 花市
发凡 —— 花环　　富丽 —— 互利
废置 —— 绘制　　西服 —— 西湖
附注 —— 互助　　犯病 —— 患病

5. 绕口令练习

（1）

史老师，讲时事，常学时事长知识。
时事学习看报纸，报纸登的是时事。
常看报，要多思，心里装着天下事。

（2）

牛郎年年恋刘娘，刘娘连连念牛郎，
牛郎恋刘娘，刘娘念牛郎，
郎恋娘来娘念郎。

（3）

蓝教练，女教练；吕教练，男教练。
蓝教练不是男教练，吕教练不是女教练。
兰南是男篮主力，吕楠是女篮主力，蓝教练在男篮训练兰南，
吕教练在女篮训练吕楠。

（4）

粉红墙上画凤凰，先画一个红凤凰，再画一个黄凤凰。
黄凤凰上面画上红，红凤凰上面画上黄。
红凤凰成了红黄凤凰，黄凤凰成了黄红凤凰。
粉红墙上分不清，哪个是红凤凰，哪个是黄凤凰。

第三章 普通话的韵母

一、韵母的含义

韵母是汉字音节当中，声母后面的部分，如"大 dà"、"家 jiā"里的"a"，"ia"分别是这两个音节的韵母。汉语有 39 个韵母（见表 3.1）。

表 3.1 普通话韵母总表

结构分类＼"四呼"分类	开口呼		齐齿呼	合口呼	撮口呼
单元音韵母	a[A]		i[i]	u[u]	ü[y]
			ia[iA]	ua[uA]	
	o[o]			uo[uo]	
	ê[ɛ]		ie[iɛ]		üe[yɛ]
	e[ɤ]				
	舌尖前韵母	i[ɿ]			
	舌尖后韵母	i[ʅ]			
	er[ɤ]				
复元音韵母	ai[ai]			uai[uai]	
	ei[ei]			uei[uei]	
	ao[au]		iao[iau]		
	ou[ou]		iou[iou]		
带鼻音韵母	an[an]		ian[iɛn]	uan[uan]	üan[yan]
	en[ən]		in[in]	uen[uən]	ün[yn]
	ang[aŋ]		iang[iaŋ]	uang[uaŋ]	
	eng[əŋ]		ing[iŋ]	ueng[uəŋ]	
				ong[uŋ]	iong[yŋ]

普通话韵母，可以由单一的元音构成，如"大 dà"的韵母"a"；也可以由元音加元音构成，如"代 dài"、"怪 guài"中的韵母"ai"，"uai"就是由两个或三个元音构成的；或由元音加鼻辅音构成，如"京 jīng"中的"ing"，韵母就是由一个元音和一个辅音构成的。韵母的构成情况，要比声母复杂得多。了解韵母的结构特点，便于掌握韵母的分类和发音。

韵母的构成成分，最多可有三个音素。根据三个音素在音节中的位置和特点，可把它们分别划为韵腹、韵头和韵尾。

（1）韵腹是指音节中发音时声音响亮、开口度大的主要元音。韵腹是韵母不可缺少的成分。

（2）韵腹前面的元音是韵头，也称介音。充当韵头的只有 i，u，ü 三个元音。韵腹后面的音素是韵尾，韵尾可以由元音或辅音充当。充当韵尾的元音只有 i，u（o），韵母 ao，iao 中的 o 实际上是 u，拼音方案写成 o 是为了字形清晰。充当韵尾的辅音只有 n 和 ng。

二、韵母的分类

（一）传统的分类

传统的分类是按韵母开头元音的发音的口形分，可分为：开口呼、齐齿呼、合口呼、撮口呼四类，简称"四呼"（见表 3.1）。

（1）开口呼：不是 i，u，ü 打头或韵腹不是 i，u，ü 的韵母。

（2）齐齿呼：韵腹是 i 或以 i 为韵头的韵母。

（3）合口呼：韵腹是 u 或以 u 为韵头的韵母。

（4）撮口呼：韵腹是 ü 或以 ü 为韵头的韵母。

例如：好 hǎo（开口呼）；迎 yíng（齐齿呼）；学 xué（撮口呼）；欢 huān（合口呼）。

（二）按韵母的内部结构分

1. 单元音韵母

单元音韵母，也叫单韵母，其韵母是由一个元音构成的。普通话有 10 个单元音韵母，分别是：

（1）舌面元音：a，o，e，i，u，ü，ê。

（2）舌尖元音：-i（前），-i（后）。

（3）卷舌元音：er。

2. 复元音韵母

复元音韵母，也叫复韵母。其韵母是由两个或三个元音复合构成的。普通话有 13 个复元音韵母，分别是：ai，ei，ao，ou，ia，ie，iao，iou，ua，uo，uai，uei，üe。

3. 带鼻音韵母

带鼻音韵母，也叫鼻韵母。韵母是由元音和鼻辅音构成的。普通话有 16 个鼻韵母，鼻韵母分前鼻音韵母和后鼻音韵母，分别是：

（1）前鼻音韵母：an，ian，uan，üan，en，in，uen，ün。

（2）后鼻音韵母：ang，iang，uang，ong，eng，ing，ueng，iong。

三、韵母的发音

（一）单韵母

单韵母是指一个元音构成的韵母。

普通话的 10 个单韵母，分别由 10 个单元音构成。从发音说分为三类：

1. 舌面元音

舌面单元音韵母有 7 个，就是 ɑ, o, e, i, u, ü, ê。其发音时主要由舌面起作用，气流颤动声带，然后由口腔呼出。元音音色的不同主要是由发音时口腔形状的不同造成的，口腔形状的不同又是由下面三个条件造成的：

（1）舌位的前后。舌位指发音时舌面隆起部分的所在位置。发元音时舌头前伸，舌位在前，这时发出的元音叫前元音。普通话里有两个前元音，就是 i, ü。发元音时，舌头后缩，舌位在后，这时发出的元音叫后元音。普通话里有 3 个后元音，就是 o, e, u。发元音时，舌头不前不后，舌位居中，这时发出的元音叫央元音。普通话里有 1 个央元音，就是 ɑ。

（2）舌位的高低。舌面抬高，其和硬腭的距离达到最小时，发出的元音叫高元音。舌面降低，和硬腭的距离达到最大时，发出的元音叫低元音。由高元音到低元音的这段距离可以分为相等的四份，中间有三个点。舌位处在这三个点上时，发出的元音由上而下分别叫作半高元音、中元音和半低元音。普通话里有 3 个高元音，就是 i, u, ü；有两个半高元音，就是 o, e；有 1 个半低元音，就是 ê；有 1 个低元音，就是 ɑ。

（3）圆唇和不圆唇。嘴唇收圆，发出的元音叫圆唇元音；嘴唇展开，发出的元音叫不圆唇元音。普通话里有 3 个圆唇元音，就是 o, u, ü，有 3 不圆唇元音，就是 ɑ, e, i。

根据以上三个条件，我们就可以说明 7 个舌面单元音韵母的发音原理。

（1）ɑ　**央、低、不圆唇元音**

例如：啊、八、插、大妈、哈达、发达、拉杂。

（2）o　**后、半高、圆唇元音**

例如：喔、拨、摸、婆婆、卧、佛、磨、破、薄膜。

（3）e　**后、半高、不圆唇元音**

例如：鹅、德、勒、客车、褐色、可贺、苛刻。

（4）i   **前、高、不圆唇元音**

例如：衣、逼、鸡、洗衣、笔记、谜底、稀泥。

（5）u   **后、高、圆唇元音**

例如：乌、不、出、书橱、出租、姑苏、布谷。

（6）ü   **前、高、圆唇元音**

例如：迁、居、女、语序、渔具、玉律、序曲。

（7）ê   **前、半低、不圆唇元音**

例如：欸。

2. 舌尖元音

舌尖单元音韵母有 2 个，就是-i（舌尖前，如"资、雌、思"的韵母）和-i（舌尖后，如"知、痴、师、日"的韵母）。

舌尖单元音韵母的发音也就是舌尖单元音的发音，发音时主要是舌尖起作用。舌尖单元音的不同发音，是由舌尖的前后、舌位的高低和嘴唇的圆展这三个条件决定的。

（1）-i [ʅ]   **舌尖、后、高、不圆唇元音**

例如：知、吃、诗、知识、支持。发音时舌尖翘起，靠近硬腭，形成一条窄缝，气流经过时不发生摩擦。只用在声母 sh，ch，sh，r 的后面。

（2）-i [ɿ]   **舌尖、前、高、不圆唇元音**

例如：资、雌、思、自私、此次。发音时舌尖前伸，靠近上齿背，形成一条窄缝，气流经过时不发生摩擦。只用在声母 z，c，s 的后面。

3. 卷舌元音

发音时，舌尖略向硬腭卷起构成的元音叫卷舌元音。卷舌元音只有一个 er。

er [ə]   **卷舌、央、中、不圆唇元音**

例如：儿、而、耳、尔。发音时舌头处于自然状态，舌尖翘起和硬腭相对，气流的通路比较宽，嘴唇不圆。韵母 er 永远不和辅音声母相拼。

（二）复韵母

复韵母也叫复元音韵母，是由两个或三个元音构成的韵母。由两个元音构成的叫二合复韵母，由三个元音构成的叫三合复韵母。

复韵母的发音有两个特点：

第一，发音时从一个元音到另一个元音是逐渐过渡的，而不是跳跃的，中间有许多过渡音。例如发 ao 时，先发 a，然后舌位逐渐升高，后移，嘴唇逐渐收圆，最后发出 o。

第二，各元音的响度不等。响度大的元音在前的，叫做前响复韵母；响度大的元音在后的，叫做后响复韵母；响度大的元音在中间的，叫做中响复韵母，中响复韵母一定是三合复韵母。

普通话有 13 个复韵母，分为 3 组。

（1）二合前响复韵母，有 4 个，列举如下：

① ai。例如：哀、来、该、爱戴、白菜。

② ei。例如：每、类、黑、配备、肥美。

③ ao。例如：熬、涝、靠、烧烤、报告。

④ ou。例如：欧、漏、扣、口头、守候。

（2）二合后响复韵母，有 5 个，列举如下：

① ia。例如：呀、家、下、加价、假牙。

② ie。例如：耶、姐、谢、结业、贴切。

③ ua 例如：蛙、刷、瓜、挂画、花袜。

④ uo。例如：窝、说、活、骆驼、错过。

⑤ üe。例如：曰、学、决、约略、雀跃。

（3）三合中响复韵母，有 4 个，列举如下：

① iao。例如：腰、聊、叫、巧妙、逍遥。

② iou。例如：忧、流、救、悠久、绣球。

③ uai。例如：歪、怀、帅、摔坏、外快。

④ uei。例如：威、回、睡、追随、摧毁。

（三）鼻韵母

鼻韵母也叫带鼻音韵母，是由元音和鼻辅音构成的韵母。鼻韵母发音时，由元音开始逐渐向鼻辅音过渡，最后阻碍部分完全闭塞，气流从鼻腔流出。

普通话中作韵尾的鼻辅音有两个，就是 n 和 ng[ŋ]。n 是舌尖中浊鼻音，既可作声母又可作韵尾。作韵尾时要等气流停止后，双唇构成的阻碍才消除。ng 是舌根浊鼻音，在普通话中只作韵尾不作声母。发音时，舌根抵住软腭，堵塞气流通往口腔的通路，同时软腭下垂。气流颤动声带，从鼻腔通过。图 3.1 是 ng 的发音示意图。

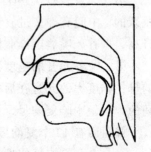

图 3.1　ng 的发音示意图

鼻韵母有两类，就是前鼻音韵母和后鼻音韵母。

（1）前鼻音韵母，是以 n 为韵尾的韵母，有 8 个，列举如下：

① an。例如：安、单、罕、感叹、展览。

② ian。例如：烟、颠、先、前线、片面。

③ uan。例如：弯、端、欢、贯穿、转换。

④ üan。例如：冤、捐、宣、渊源、全权。

⑤ en。例如：恩、痕、深、认真、根本。

⑥ in。例如：因、亲、今、殷勤、信心。

⑦ uen。例如：温、昏、春、论文、馄饨。

⑧ ün。例如：晕、群、熏、均匀、军训。

（2）后鼻音韵母，是以 ng 为韵尾的韵母，有 8 个，列举如下：

① ang。例如：昂、郎、常、帮忙、厂房。

② iang。例如：央、江、腔、想象、响亮。

③ uang。例如：汪、荒、庄、状况、狂妄。

④ eng。例如：烹、登、蒸、更正、丰盛。

⑤ ing。例如：英、丁、星、命令、平定。

⑥ ueng。例如：翁、嗡、瓮、蕹。

⑦ ong。例如：工、东、通、隆重、从容。

⑧ iong。例如：雍、兄、窘、汹涌、穷凶。

四、韵母练习

（一）i 和 ü

继续	纪律	谜语	体育	例句	低于	绿篱
举例	曲艺	具体	预习	玉米	预期	

分区—分期　　　　名义—名誉　　　　容易—荣誉

季节—拒绝　　　　雨季—语句　　　　办理—伴侣

事宜—适于　　　　书籍—书局　　、　大姨—大雨

得意—德育　　　　里程—旅程　　　　实际—实据

戏曲—序曲　　　　臆测—预测　　　　遗传—渔船

移民—渔民　　　　意见—遇见　　　　防疫—防御

（二）前后鼻韵

1. 鼻韵尾 in 和 ing

心情	禁令	民警	品行	聘请	进行	新型	尽情
心灵	拼命	民兵	尽兴	金星	新颖	挺进	平民
平民	听信	灵敏	清音	迎新	影印	领巾	病因
定亲	清新	精心	轻信	心境	行径	亲生	轻生

| 金质 | 精致 | 人民 | 人名 | 信服 | 幸福 | 频繁 | 平凡 |
| 亲近 | 清静 | 凭信 | 平行 | 金银 | 经营 | | |

2. 鼻韵尾 an 和 ang

担当	安防	班长	繁忙	站岗	南方	反抗	安康
半晌	返航	肝脏	擅长	战场	商贩	当然	傍晚
长叹	上班	账单	方案	烂漫	浪漫	反问	访问
赞颂	葬送	开饭	开放	安然	盎然	担心	当心
弹词	搪瓷	杆子	缸子	施展	师长	一般	一帮

3. 鼻韵尾 en 和 eng

真诚	本能	深层	奔腾	真正	神圣	人称	文风
纷争	门缝	人生	成本	成分	登门	承认	成人
诚恳	城镇	风尘	锋刃	能人	胜任	正门	证人
陈旧	成就	真挚	争执	申明	声明	木盆	木棚
清真	清蒸	瓜分	刮风	绅士	声势	人生	人参
诊治	整治	身世	生事	时针	时政		

（三）区分 o, uo, e

厕所	恶果	恶魔	车祸	隔膜	合作	合伙	刻薄
惹火	各国	勒索	折磨	课桌	波折	薄荷	撮合
错车	国策	国歌	挫折	火车	或者	火舌	墨客
说客	作恶	灼热	卧车	拖车	说和	作客	作者
驼色	墨盒	若何	着色	脱色			

（四）综合练习

1. 诗　歌

捕鱼歌

人远江空夜，浪滑一舟轻；

儿咏唉唷调，橹嗳和啊声；
网罩波心月，竿穿水面云；
鱼虾留瓮内，快活四时春。

2. 文　章

白杨礼赞

　　那是力争上游的一种树，笔直的干，笔直的枝。它的干呢，通常是丈把高，像是加以人工似的，一丈以内，绝无旁枝；它所有的丫枝呢，一律向上，而且紧紧靠拢，也像是加以人工似的，成为一束，绝无横斜逸出；它的宽大的叶子也是片片向上，几乎没有斜生的，更不用说倒垂了；它的皮，光滑而有银色的晕圈，微微泛出淡青色。这是虽在北方的风雪的压迫下却保持着倔强挺立的一种树！哪怕只有碗来粗细罢，它却努力向上发展，高到丈许，二丈，参天耸立，不折不挠，对抗着西北风。

　　这就是白杨树，西北极普通的一种树，然而决不是平凡的树！

　　它没有婆娑的姿态，没有屈曲盘旋的虬枝，也许你要说它不美丽——如果美是专指“婆娑”或“横斜逸出”之类而言，那么白杨树算不得树中的好女子；但是它却是伟岸，正直，朴质，严肃，也不缺乏温和，更不用提它的坚强不屈与挺拔，它是树中的伟丈夫！当你在积雪初融的高原上走过，看见平坦的大地上傲然挺立这么一株或一排白杨树，难道你觉得树只是树，难道你就不想到它的朴质，严肃，坚强不屈，至少也象征了北方的农民；难道你竟一点也不联想到，在敌后的广大土地上，到处有坚强不屈，就像这白杨树一样傲然挺立的守卫他们家乡的哨兵！难道你又不更远一点想到这样枝枝叶叶靠紧团结，力求上进的白杨树，宛然象征了今天在华北平原纵横决荡用血写出新中国历史的那种精神和意志。

3. 绕口令

（1）单韵母

①　坡上立着一只鹅，坡下就是一条河。宽宽的河，肥肥的鹅，

鹅要过河，河要渡鹅不知是鹅过河，还是河渡鹅？

② 山上五棵树，架上五壶醋，林中五只鹿，箱里五条裤。伐了山上树，搬下架上的醋，射死林中的鹿，取出箱中的裤。

③ 山前有只虎，山下有只猴。虎撵猴，猴斗虎；虎撵不上猴，猴斗不了虎。

（2）*鼻韵母*

① 扁担长，板凳宽，扁担没有板凳宽，板凳没有扁担长。扁担绑在板凳上，板凳不让扁担绑在板凳上。

② 一平盆面，烙一平盆饼，饼碰盆，盆碰饼。

③ 任命是任命，人名是人名，任命不能说成人名，人名也不能说成任命。

④ 山前有个严圆眼，山后有个严眼圆，二人山前来比眼，不知是严圆眼的眼圆，还是严眼圆比严圆眼的眼圆？

（3）*复韵母*

① 磨房磨墨，墨碎磨房一磨墨；梅香添煤，煤爆梅香两眉灰。

② 出南门，走六步，见着六叔和六舅，叫声六叔和六舅，借我六斗六升好绿豆；过了秋，打了豆，还我六叔六舅六十六斗六升好绿豆。

③ 哥挎瓜筐过宽沟，过沟筐漏瓜滚沟。隔沟挎筐瓜筐扣，瓜滚筐空哥怪沟。

④ 山前有个崔粗腿，山后有个崔腿粗。二人山前来比腿，不知是崔粗腿比崔腿粗的腿粗，还是崔腿粗比崔粗腿的腿粗？

第四章　普通话的声调

声调指整个音节的高低升降的变化。声调可以区分词语的意义，如普通话里"山西"（shānxī）和"陕西"（shǎnxī）的不同，"主人"（zhǔrén）和"主任"（zhǔrèn）的不同，就是由于声调的不同。

一、调值和调类

声调包括调值和调类两个方面。

（一）调　值

调值指声调的实际读法，也就是高低升降变化的具体形式。调值是由音高决定的，音乐的音阶也是由音高决定的，但是调值和音阶不同。音阶的高低是绝对的，调值的高低是相对的。在音乐里，如 C 调的"1"，不管谁来唱，也不管用什么乐器来演奏，音高都是一样的；调值则不同，用普通话读"天"字，成年男人的调值比女人和小孩儿的低，同一个人情绪平静时的调值比情绪激动时低。声调的音高，具有两个明显的特点：

其一，声调的音高是相对音高（用比较的方法确定的同一基调的音高变化形式和幅度）而不是绝对音高（不起区别意义作用的音高）。

其二，声调的音高变化是滑动的而不是跳动的。描写调值常用五度声调标示法。把一条竖线四等分，得到五个点，自下而上定为五度：1 度是低音，2 度是半低音，3 度是中音，4 度是半高音，5 度是高音。一个人所能发出的最低音是 1 度，最高音是 5 度，中间的音分别是 2 度、3 度和 4 度。可以用横线、斜线、折线按声调的实际读法标明它们的升降起止度数。五度声调标示法如图 4.1 所示。

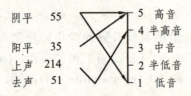

图 4.1　五度声调标示法

（二）调　类

调类指声调的类别，它是根据能区别意义的调值归纳出来的类，就是把调值相同的音归纳在一起建立起来的声调的类别。例如普通话的"去、替、废、动、恨"调值相同，都是由 5 度到 1 度，就属于同一个调类。有几种调值，就有几个调类。每一类确定一个名称就是调名。古代汉语的声调有四个调类，古人叫做平声、上声、去声、入声，合起来叫做"四声"。现代汉语普通话和各方言的调类都是从古代的四声演变来的。在演变的过程中有分有合，形成非常复杂的局面。

（三）调值与调类的关系

同一种语言或同一种方言中，两者呈简单的对应关系：调类相同，调值必然相同；反过来，调值相同的，调类也肯定相同。

不同的语言或不同的方言中，两者关系错综复杂。调类相同，调值不一定相同；调值相同的，而调类又不一定相同。这其中的原因也是复杂的，调类的命名主要是参考古调类来定的，而调值却是对现行语言或方言中的读法的实际描写。

二、普通话的声调

普通话有四种基本调值，可以归并为四个调类。根据古今调类演变的对应关系，定名为阴平、阳平、上声和去声（如图 4.1 所示）。具体描写如下：

（1）阴平。高而平，叫高平调。发音时由 5 度到 5 度，简称 55。例如：妈、督、加、先、通。

（2）阳平。由中音升到高音，叫中升调。由 3 度到 5 度，简称 35。例如：麻、毒、荚、贤、铜。

（3）上声。由半低音降到低音再升到半高音，叫降升调。由 2 度降到 1 度，再升到 4 度，简称 214。例如：马、赌、甲、显、桶。

（4）去声。由高音降到低音，叫全降调。由 5 度到 1 度，简称 51。例如：骂、度、价、县、痛。

普通话声调的调类和调值可以综合为表 4.1：

表 4.1 调值、调类综合表

调　类	调　值	调　型	调　号	例　　字
阴　平	55	高　平	ˉ	咪 mī　身 shēn
阳　平	35	中　升	´	迷 mí　神 shén
上　声	214	降　升	ˇ	米 mǐ　审 shěn
去　声	51	全　降	`	密 mì　慎 shèn

三、声调辨正

声调辨正，就是要弄清方言和普通话在声调上的差异，明确两者之间的对应关系，以便有效地纠正发音。因此要辨正声调，应注意以下两点：

（一）改变调值

方言调值跟普通话调值有同有异，即使在北方方言区内也是这样。从沈阳、济南、郑州、太原、西安、兰州、成都、昆明、武汉、南京十个点的调查材料看，除太原、南京外，其他各点调类同普通话基本一致，只是调值同普通话并不完全相同。因此，这些地区的人学习普通话声调，主要是按普通话的调值读准每个字的字音就行了。

（二）合并调类

在普通话四声中，只有平声分阴阳两类。而有六个或六个以上调类的地区，像苏州、绍兴、长沙、南昌、厦门、广州等地，去声也分阴阳两类。这些地区的人应注意把这两类声调合并成一类，把调值都改为高降调。如南昌话把阴去读为高平调（55 调），把阳去读为中降调（31 调），在进行声调辨正时，应把阴去、阳去合并为一类，并把原来的调值都改读为全降调（51 调）。

四、学好普通话腔调

学习普通话，读准普通话的声调调值很重要，但在语流中，单字的声调只是个"音符"，就像音乐中的"多、咪、咪"。学习普通话语音，必须充分认识掌握普通话腔调的重要性。有的人普通话四声单调读得好像还比较准，但连读时却与普通话有明显距离，这主要是腔调的问题，当然也有语调问题和其他方面的问题。

普通话腔调是以普通话四个声调连读形式为核心，包括变调、轻声等在内的整体性语言特征，是普通话声调系统基本因素的有机组合。

普通话的单个字调固然重要，但它不能反映普通话语音的基本面貌。当一个人说一句话，或读出某一语言片段时，声调的连读形式出现，则反映出了普通话语音的本质特征（方言亦然）。比如，一个讲普通话的人和几个讲方言的人（北京、沈阳、天津、郑州、长沙）在一起交谈，让一位有一定语音知识的人来判断这几个人，谁讲的是普通话，谁讲的是沈阳话、天津话、长沙话，是无须考察声母、韵母、词汇、语法等，仅凭腔调，则可迅速而准确地作出判断。普通话与北京话的根本差异同样表现在腔调的差异上。

在普通话水平测试中，一个人读单字，方言腔调不易显露，但在朗读和谈话时，方言腔调则比较明显。原因是，词语连读时音节或音素相互影响，会发生一定的变化（上声调的变化是最明显的腔调变化之一），读单字调时不明显的问题，在连读中则会暴露出来，具体表现就是腔调不到位。实际上，普通话声调的连读形式中，总伴随有声调相互影响引起的变化，这正是普通话腔调的具体体现。这里以普通话三字连读的声调变化为例，说明字调在形成腔调过程中的这种变化。例如：

（1）交流会、宣传部、同情心、吹牛皮、邀朋友、西红柿。

（2）温度计、开夜车、千字文、生命力、消费品、开大会。

上面两组例词，第1组的三字词语中，开头的音节为阴平或阳平，第二音节是阳平，这个音节的调值在连读时会变得接近阴平，即"35—55"。第2组的三字词语的第二音节为去声，在连读中，其调值则由51变作53。

实践证明，声调连读、形成腔调的过程中调值会有许多的变化，不少变化是我们能感受到的，只是目前还不能准确地描述出来罢了。但是，读准单字调不等于掌握了普通话的腔调，这是不容置疑的事实。在普通话水平测试中，有的人读单音节字词和双音节词语时，声调还差不多，但朗读短文时，腔调就变了样，谈话时问题更明显，这正是学习普通话不能满足于读准单字声调，更要努力把握声调连读形式 ——普通话腔调的最好说明。学习普通话腔调，首先要能真正读准普通话的四个声调，那种认为学声调就是随意读一下"山明水秀"、"大好河山"的认识是不全面的。实际上，一些人朗读、谈话中腔调不准的问题，就隐含在单字声调之中，只是读单字调时，问题暴露得不充分罢了。

其次，要注意音节连读时声调发音的规范程度，因为连读时，形成腔调的过程中，单个声调会有一定的变化，连读中的声调和单个字音的声调不尽相同。

学习普通话腔调，要努力培养普通话语感，仔细揣摩普通话的腔调，多听、多读、多练。

【练习】

记熟普通话四声代表字的普通话声调。

反复练读下列字：

山 shān　　明 míng　　水 shuǐ　　秀 xiù

桌 zhuō　　识 shí　　笔 bǐ　　客 kè

这 8 个字中，前 4 个字"山明水秀"的古调类和普通话调类一致，可作普通话四声的代表字。而"桌识笔客"则是派入普通话"阴、阳、上、去"的古入声字。读准、记熟这 8 个字，听读普通话就有了客观标准，对我们"依类辨值"也会有一定帮助。

五、声调练习

1. 阳平—阴平

鼻音　皮衣　实施　行星　回音　齐心　白灰　爬山

棉衣　明天　房间　福音　夺标　图钉　同乡　童心

箩筐	来宾	联欢	隔开	泥沙	年初	农村	镰刀
红花	魁星	葵花	国歌	黄昏	河山	黄蜂	回声
晴天	钳工	桥墩	骑兵	决心	前方	航空	旗杆
职称	除非	协商	重新	霞光	船舱	其他	茶杯
藏书	随身	昨天	熟知	时光			

2. 去声—上声

制止	致使	入伍	跳舞	遇雨	地理	办法	报纸
探险	饭碗	密码	特有	面粉	电影	大脑	聘请
购买	旧址	猎手	敬礼	录取	候补	汽艇	个体
翅膀	戏曲	忏悔	信仰	窃取	至少	呐喊	战友
誓死	字典	率领	字母	次品	绕嘴	热水	饲养

3. 阴平—去声

公共	黑夜	搬运	方向	端正	拉锯	开放	接受
消灭	枝叶	书架	灾难	租用	操练	私自	松树
粗细	亲密	中外	深夜	出处	区域	偏僻	封建
推荐	工作	开会	经验	鲜艳	吃饭	夫妇	机要
抛弃	丰富	通过	观众	欢乐	侵略	希望	初赛
相像	帮助	抹布	冬至	捏造	歌颂	花絮	

4. 阳平—去声

时事	疲倦	服务	题目	楼道	回忆	群众	折断
实验	存在	颜色	别墅	矛盾	独唱	年代	革命
急躁	情趣	乘客	容易	残酷	苗壮	白菜	迷路
的确	牛肉	国策	决定	学校	尝试	杂志	俗话
排队	缝纫	同伴	劳动	狂热	习惯	食物	足够
随便							

5. 阴平—阴平

| 标兵 | 冬天 | 关心 | 交通 | 招生 | 村庄 | 扑空 | 通知 |

空间	青春	山坡	司机	分工	垃圾	花生	星期
资金							

6. 阳平—阳平

博学	服从	农民	狂言	球鞋	长途	责成	频繁
达成	联合	红旗	循环	食堂	辞职	棉田	同时
国防	结局	执行	人民				

7. 去声—去声

毕业	复信	内部	扩大	庆祝	岔路	自治	破坏
大概	陆地	互助	项目	示范	脆弱	密切	特地
顾问	竞赛	注意	锐利				

8. 阴平—阳平

包含	单元	欢迎	心得	生词	私营	批评	通俗
经营	支持	钻研	分头	观摩	青年	车床	粗俗

9. 阴平—上声

英雄	摸底	推理	开水	亲手	出口	操场	冰冷
风险	拉到	黑板	辛苦	生产	思考	喷吐	灯塔
钢笔	家属	真理	增长				

10. 阳平—上声

博览	烦劳	牛奶	魁伟	全体	除草	杂草	平等
读本	联想	回想	狭窄	食品	磁铁	毛笔	停止
国土	结尾	直属	如果				

11. 去声—阴平

步枪	饭厅	内心	客观	气功	唱歌	再三	配音
大家	列车	互相	盛开	措施	陌生	特征	故乡

竞争　治安　认真　丧失

12. 上声—阴平

百般　打通　许多　火车　旅居　简称　取经　摆脱
纺织　首先　老师　恐慌　雨衣　指标　保温　海关
奖杯　铁丝　北方　酒精　饼干　小说　警钟　马车
野心　海军　卷烟

第五章 普通话的音变

音变，指语音的变化。人们在说话或者朗读的时候，并不是将音节一个一个孤立地发出，而是将一串语音一个接一个地发出，形成连绵不绝的语流。而在语流中，由于相邻音节的相互影响或表达意思的需要，有些音节的语音便会产生一定的变化，这种变化，我们称之为"语流音变"。在普通话语音中，有在连续发音中受前后音的影响而发生的变化，也有历史性的变化。常见的普通话语流音变有同化、异化、弱化等，主要包括变调、轻声、儿化、语气词"啊"的变读。

一、变　调

（一）变调的含义

变调是相对原调而言的。原调是指一个字单念时候的声调。而变调是指声调音变，相邻音节互相影响而产生的音高变化。语言是词与词、音节与音节相连的。在语流中，相连音节的声调相互制约使有些音节的声调起了一定的变化，与单读时调值不同，这种变化叫做变调。拼写音节时，标原调，不标变调。

（二）上声的变调

（1）上声音节单念或在词句末尾时读本调，即降升调，调值为214。

（2）上声在非上声音节前，即在阴平、阳平、去声前，由降升调变为低降调（或称为"半上"），只降不升，调值为21。例如：

① 在阴平前：火车、许多。

② 在阳平前：改革、果实。

③ 在去声前：解放、榜样。

（3）两个上声相连，前一个上声只升不降，读法近似阳平（24）。有人把"24"调叫做"直上"，例如：

水手　勇敢　美好　讲解

（4）上声音节在轻声音节前，变调要考虑到轻声字的本调。

① 在轻声音节本调为非上声音节时，上声由降升调变为低降调（或称为"半上"），只降不升，调值为21。例如：

我的　脑袋

② 在轻声音节本调为上声时，上声只升不降，读法近似阳平（24）。例如：

晌午　小姐

（5）三个上声音节连读的变调。

如果三个上声相连，前两个字根据词语的结构变调。

① 当词语结构是"双单格"时，前两个上声都变成近似阳平的调值（24）。例如：

展览馆　214+214+214→24+24+214

② 当词语结构是"单双格"时，第一个上声变降调（调值21），第二个上声变成近似阳平的调值（24）。例如：

纸老虎　214+214+214→21+24+214

小拇指　214+214+214→21+24+214

（三）去声的变调

两个去声音节相连，前一个若不是重读音节则变为"半降"，调值为53。例如："现代"、"社会"、"变化"、"汉字"、"大地"、"贵重"、"奋斗"、"纪录"等。

（四）"一"、"不"的变调

1."一"的变调

"一"的本调是阴平。单用、在语句末尾、表序数，在一连串数字中，都念本调。例如：第一，一中。

"一"变调有三种：

（1）在去声前变阳平。例如：一件、一样。

（2）在非去声前变去声。例如：一天、一年、一本。

（3）夹在重叠的动词中间变轻声。例如：看一看、试一试。

2."不"的变调

"不"的本调是去声。单用、在语句末尾、在非去声前，都念本调。例如：不、我不、不听。

"不"的变调有两种：

（1）在去声前变阳平。例如：不去、不是、不至于。

（2）夹在词语中间变轻声。例如：差不多、挡不住、行不行、去不去。

（五）重叠式形容词的变调

（1）单音节形容词重叠（AA 式），如果重叠部分儿化，第二个音节不管原来是什么声调，都应念成阴平。例如："短短儿的"变读为 duǎnduānrde，"快快儿"变读成 kuàikuāir；如果重叠部分不儿化，则保持原调不变。

（2）双音节形容词重叠（AABB 式），有时第二个音节轻读，第三、四个音节都念阴平。但口头上常说的重叠形容词，可不变调。例如：

整整齐齐 zhěngzhěngqíqí→zhěngzhengqīqī

清清白白 qīngqīngbáibái→qīngqingbāibāi

（3）单音节形容词的叠音后缀（ABB 式），不管它原来是什么声调，也都念阴平。例如：

亮堂 liàngtang→亮堂堂 liàngtāngtāng

沉甸甸 chéndiāndiān（"甸"单字音读 diàn）

热腾腾 rètēngtēng（"腾"单字音读 téng）

（六）变调发音训练

1. 上声变调训练

（1）**上+阴**

北京 许多 火车 普通 缓坡 广州 奖杯

（2）**上+阳**

海防 旅行 导游 好人 朗读 火柴 免除

（3）**上+去**

感谢 反映 武汉 广大 请假 腐败 考试

（4）**上+上**

请柬 粉笔 海岛 管理 请帖 理想 砝码

（5）**上+轻**

点心 打量 姥姥 本钱 打手 等等 举起

（6）**上+上+上**

雨点小 纸老虎 炒米粉 孔乙己

（7）**多个上声相连**

稳妥处理 采访李厂长

（8）**综合训练**

养马场养有五百匹好母马。

请你给我打点儿洗脸水。

2. "一"、"不"的变调训练

（1）"一"的变调训练

① 单念或在词句末尾

一　统一　第一　一九九一　有一说一

② 去声前

一定　一致　一度　一刻　一阵　一并

③ 非去声前

一批　一层　一封　一年　一准　一瞥

④ 综合训练

星期——大早，我就看了一本书。

一帆一桨一渔舟，一个渔翁一钓钩。

一俯一仰一场笑，一江明月一江秋。

（2）"不"的变调训练

① 单念或在词句末尾

不　偏不　不欢而散

② 去声前

不对　不干　不利　不肖

③ 非去声前

不难　不好　不羁　不曾

④ 综合训练

你要不来，我也不去，信不信由你。

春天不播种，夏天就不生长，秋天就不能收割，冬天就不能品尝。任何不播种的地方，绝不会得到丰收。

3. 重叠式形容词的变调训练

（1）AA 式

平平　红红　满满儿　快快儿

（2）ABB 式

绿油油　蓬松松　沉甸甸　黑压压　红彤彤　水汪汪

（3）AABB 式

舒舒服服　哭哭啼啼　漂漂亮亮　干干净净

二、轻　声

（一）轻声的含义

普通话的每个音节都有一定的声调，但有的音节在一定的场合里失去原有的声调，变成了一种又轻又短的调子，这就叫做轻声。轻声是四声的一种特殊音变，一般地说任何一种声调的字在一定的条件下，都可以失去原来的声调，变读为轻声。轻声在物理属性上的主要表现是音长变短，音强变弱。它的音高因受前一个字声调的影响而不固定。

（二）轻声的发音

一般地说，上声字后头的轻声字的音高比较高，阴平阳平字后头的轻声字偏低，去声字后头的轻声字最低。见表 5.1 所示。

表 5.1　轻声发音

调　类	调　值	举　例
去声＋轻声	1 度；低	兔子；帽子
阴平＋轻声	2 度；半低	鸭子；桌子
阳平＋轻声	3 度；中	儿子；橘子
上声＋轻声	4 度；半高	椅子；点子

（三）普通话里读轻声的字词

普通话中有些语法成分要读轻声，它们有较强的规律性。这些语法成分主要有以下几种：

（1）助词"的"、"地"、"得"、"着"、"了"、"过"和语气词"吧"、"嘛"、"呢"、"啊"等。例如：

我的书　　慢慢地说　　跑得快

说着　　看了　　来过

去吧　　好嘛　　他呢　　　走啊

（2）叠音词和动词重叠形式后头的音节。例如：

妈妈　星星　看看　听听　说说

商量商量　研究研究　学习学习

（3）名词后边的"们"、"子"、"头"。例如：

孩子们　桌子　木头

但是"原子"、"电子"、"烟头"等词中的实语素"子"、"头"不读轻声。

（4）名词、代词后边表示方位的"上"、"下"、"里"、"面"、"边"等。例如：

树上　地下　屋里　外面　左边　那边

如果强调的是方位本身，"上"、"下"、"里"等作为独立的方位词时，不读轻声。例如："楼上"、"楼下"、"城里"等。

（5）动词后边表示趋向的"来"、"去"、"起来"、"下去"等。例如：

拿来　出去　站起来　干下去

（6）代词、数词后边的"个"。例如：

这个　那个　三个

此外，还有一些双音词，第二个音节习惯上读轻声。例如：

玻璃　耳朵　清楚　便宜　衣服　道理　客气　声音

凉快　打听　聪明　照顾　钥匙　关系　脑袋　护士

窗户　消息　西瓜　干部　算盘　应付　吩咐　稀罕

力量　丈夫　包袱　萝卜　骆驼　商量　明白　胳膊

阔气　事情

上述这些双音词中读轻声的音节，如果组合在另外的双音词里，并且在词义构成上成为被前一音节修饰、限制的成分,则不读轻声。
例如:

制服　　真理　　元音　　空气　　好听　　敌情

(四)轻声的作用

轻声并不是纯粹的语音现象,普通话里,大多数轻声同词汇、语法意义有着一定的联系,它在辨别词义、区分词性和区分有些词或句子构成方式方面有一定的作用。

(1)对某些词或短语有区别意义和结构的作用。例如:

帘子 liánzi(门帘或窗帘,加后缀的合成词)

莲子 liánzǐ(莲的果实,偏正式合成词)

是非 shìfei(纠纷,联合式合成词,如"招惹是非")

是非 shìfēi(正确和错误,短语,如"分清是非")

(2)对某些词有区别词性的作用。例如:

人家 rénjia(代词,指自己或别人)

人家 rénjiā(名词,指住户,也指女子未来的夫家)

大意 dàyi(形容词,粗心)

大意 dàyì(名词,讲话或文章的主要内容)

(3)对某些句子有区别句法结构的作用。例如:

我想起来了,他是我小学时的同学。("起来"读轻声,作补语)

时间不早了,我想起来了。("起来"不读轻声,作宾语)

(五)轻声发音训练

1. 轻声词训练

(1)**阴+轻**

桌子　先生　他的　休息　姑娘　官司　提防

(2)**阳+轻**

房子　学生　红的　萝卜　柴火　便宜　抬举

（3）**去＋轻**

凳子　畜生　坏的　意思　豆腐　热和　部分

（4）**上＋轻**

女婿　体面　打量　打发　早晨　喜欢　哑巴

2. 轻声与非轻声对比训练

（1）**读轻声**

靴子　碟子　侄子　汉子　摊子　丫头　锄头　石头
舌头　风头

（2）**读原调**

才子　赤子　电子　分子　松子　口头　针头　烟头
钻头　起头

三、儿　化

（一）儿化的性质

卷舌元音 er 跟其他韵母结合成一个音节，并使这个韵母成为卷舌韵母，这种现象就叫"儿化"。儿化的基本性质是在韵母发音的同时带上卷舌动作。儿化了的韵母叫做"儿化韵"。"儿化韵"的汉字书写形式中的"儿"字不代表一个单独的音节，而是表示前一个字（音节）附加的卷舌动作。

（二）儿化的发音

儿化的发音有两种情况：

一种是韵母的发音同卷舌动作没有冲突，儿化时原韵母不变只加卷舌动作。韵母或韵尾是 a，o，e，u，ê 的音节属于这种情况。

例如：

刀把儿 dāobàr 小猫儿 xiǎomāor

另一种是韵母的发音同卷舌动作有冲突，儿化时要在卷舌的同时变更原来韵母的结构和音色。韵母或韵尾是 i，ü，-i[ʅ]，-i[ʅ]，n，ng 的音节属于这种情况。由于变化情况较复杂，需要分别加以分析说明。

（1）韵母是 i，ü 的音节，加卷舌音 er。例如：

小米儿 xiǎomiěr 小驴儿 xiǎolüér

（2）韵母是 in，ün 的音节，去掉韵尾 n，再按韵母是 i，ü 的音节儿化。例如：

皮筋儿 píjiēr 短裙儿 duǎnquér

（3）韵母是 -i[ʅ]，-i[ʅ] 的音节，-i 失落，变成 er。例如：

棋子儿 qízěr 树枝儿 shùzhēr

（4）韵尾是 i，n（in，ün 除外）的音节，去掉 i 或 n，在韵腹上加卷舌动作，例如：

蛋白儿 dànbár 刀背儿 dāobèr

（5）韵尾是 ng 的音节，去掉 ng，主要元音鼻化。韵腹是 a，o，e 的，直接加卷舌动作；韵腹是 i 的，加 e[ɤ] 鼻化，同时加卷舌动作。例如：

鞋帮儿 xiébãr

（三）儿化的作用

（1）区别词义，例如：

眼（眼睛） 眼儿（小孔）

（2）区分词性，例如：

画（动词） 画儿（名词）

（3）表示细小、轻微，例如：

小刀儿 水珠儿

（4）带有亲切、喜爱的感情色彩，例如：

宝贝儿　小赵儿

（四）儿化发音训练

刀把儿　粉末儿　腰板儿　山歌儿　有点儿
露馅儿　唱片儿　豆芽儿　鲜花儿　孙女儿
山尖儿　小鱼儿　快板儿　树枝儿
新来的日子的影儿又开始在叹息里闪过了。
鸟儿将巢安在繁花绿叶当中。
从中传出笛儿般又细又亮的声响。

四、语气助词"啊"的音变

（一）"啊"的发音

"啊"是可以表达多种感情语气的一个词，如果用在句首，它的词性是叹词，读音不受别的音的影响，仍念作"啊"[a]。例如：

啊（ā），我知道了。（"啊"表示比较平静的感情）

啊（á），你说什么？（"啊"表示追问）

啊（ǎ），是怎么回事啊？（"啊"表示惊奇）

啊（à），原来是这样。（"啊"表示恍然大悟）

而"啊"用在句尾的时候，它的词性就是语气助词，读音就要受它前面音节末尾音素的影响而发生变化。具体变化规律如表 5.2 所示。

表 5.2　"啊"的发音规律

"啊"前音节末尾音素	"啊"的变读	范例及规范书写字
i，ü，a，o，e，ê	+a→ia	您从哪儿来呀（啊）！
u，ao[au]	+a→ua	您在哪儿住哇？

续表 5.2

"啊"前音节末尾音素	"啊"的变读	范例及规范书写字
-n	+a→na	这花开得多艳哪？
-ng	+a→nga	我们一起唱啊！
[ʅ], er	+a→ra	这是怎么回事啊！
[ɿ]	+a→[zA]	你去过几次啊？

（二）语气助词"啊"的发音训练

你去哪儿啊？

我上图书馆啊。

借书啊？

是啊。

第六章　词汇与语法

语言三要素包括语音、词汇和语法。普通话与方言的差异虽主要表现在语音上，我国各大方言区在词汇和语法上与普通话的差异也是显而易见的。因此，学习普通话，既要注意语音的学习，又不能忽视词汇和语法的学习。

一、词　汇

同普通话词汇相比较，任意方言词汇中，既有与普通话词汇重合的部分，也有与普通话词汇系统迥然不同的部分。在学习中，前一部分较为简单，后一部分是我们学习的重点和难点，找出方言词汇与普通话词汇的主要差异，才能有效帮助我们学习好普通话。

方言词汇与普通话词汇的主要差异如下。

（一）词形不同，词义相同

以"小孩儿"这个词为例，各种方言有不同的词形：

沈阳话→小嘎儿；

西安话→娃；

成都话→小娃儿；

武汉话→小伢；

合肥话→小伢子；

扬州话→小霞子；

上海话→小囡；

温州话→细儿；

长沙话→细伢子；

潮州话→奴仔。

再如"手绢儿"一词：

苏州话→绢头；

长沙话→小手巾；

南昌话→手捏子；

梅州话→手巾仔；

福州话→汗巾。

相同的意思，不同的方言和普通话的用词差异很大。

（二）词义不同，词形相同

这类词语，是在说普通话时最容易错的词语，并且最容易产生歧义的一批词。比如"馒头"一词，在普通话中是没有馅的，而在吴方言中，有馅的和无馅的都叫馒头。[①]再比如，"粥"在普通话中指的是稀饭，而在河北涞源方言中指的是干饭。

（三）某些方言中，语素有特定的构词规律

（1）以福建永春方言为例，永春话中的"仔"，表示"小"的意思，常跟在名词性语素后构成方言词（见表 6.1）。

表 6.1　普通话与永春方言对照表

普通话	毛毛雨	小石子	小路	小巷	小铺	小贩	小鱼	小狗	小牛
永春方言	雨濛仔	石仔	路仔	巷仔	店仔	贩仔	鱼仔	狗仔	牛仔

---

① 见冯志纯主编《现代汉语》上册，西南师范大学出版社，2008 年版，第 495 页。

（2）以西南方言为例：

① 西南方言中，名词大量采用了重叠形式，有的重叠还加上了儿化（见表6.2）。

表 6.2　普通话与西南方言对照表（一）

普通话	饼	角落	坎	筛子	豆子	盖子
西南方言	粑粑	角角	坎坎	筛筛	豆豆儿	盖盖儿

② 西南方言中，名词常有一些虚语素作词缀（见表6.3）。

表 6.3　普通话与西南方言对照表（二）

普通话	虾	苍蝇	姑娘	碗里	盐	胳膊
西南方言	虾子	苍蝇儿	姑娘儿	碗头	盐巴	手杆

对这类方言词语，可以利用类推的方法换成相应的普通话词语。

【词汇的规范使用训练】

1. 指出下列词语中的普通话词语

唠嗑　聊天儿　闲谈　棒子　苞米　珍珠米　玉米
冰棒　冰棍儿　雪条　物事　物件　东西　日头　热头
太阳　洗身　冲凉　洗澡　估歇　在今　家下　目前
晓得　知　攀讲　知道　怕丑　害羞

2. 找出下列词语中的普通话"子尾词"

鞋子　杏子　李子　虾子　蚕子　燕子　烟子
锁子　老爷子

3. 找出下列词语中的普通话"儿化词"

女儿　到了儿　猴儿　房房儿　电灯儿
酒杯儿　玩意儿　胎儿

二、语　法

普通话应该以典范的现代白话文著作为语法规范。在现代汉语中，各地方言与普通话相比较，语法方面的差异较小，但这并不是说就不用去留意学习，相反，我们应该重视方言与普通话语法的差异，因为如果在说普通话时，在构词和语序上仍然遵从方言的习惯，造出的句子不仅不符合普通话语法规范，并且会影响表情达意的效果，在有些情况下还会贻笑大方，如"你打不打得来篮球"（西南方言，意为你会不会打篮球）。

（一）语　序

普通话表示疑问的语气词放在句尾，而在一些方言中却放在了谓语之前，如"他是小王吗"？在吴方言中，表达为"他格是小王"？

吴方言中还有将宾语放在补语之前的情况，如"说不过他"。在吴方言中表达为"说俚勿过"。

（二）虚　词

普通话与方言在虚词方面的差异主要体现在助词和语气词的使用上。如"它们开着会"中的"着"，是表示正在进行或出于某种状态的动态助词，在西南方言中往往改用为"起"或"倒"，如"他们开起会的"或"他们开倒会的"。

普通话中语气词很多，但各地方言中也有各式千奇百怪的语气词，比如在西南方言中，常使用"撒"、"嗦"、"的嘛"；广州话里，常使用"吖"、"吖拿"、"个啰"、"之嘛"等语气词。

（三）量　词

在量词的使用上，普通话与方言也存在一些不同，如表6.4所示。

表 6.4　普通话与方言对照表

普通话	一位客人	一条鱼	一座山
方言	一只客人（客家话）	一只鱼（湘方言）	一匹山（西南方言）

（四）词语的搭配

某些方言中，词语的搭配与普通话差异很大，如表 6.5 所示。

表 6.5　普通话与西南方言对照表（三）

普通话	西南方言
吃饭（固态）	吃饭（固态）
喝汤（液态）	吃汤（液态）
吸烟（气态）	吃烟（气态）

【语法训练】

1. 在括号里写上规范的量词

一爪葡萄（　　　）　　　　两只小刀（　　　）

一泡灯（　　　）　　　　　一朋牙（　　　）

一间学校（　　　）　　　　一床席子（　　　）

2. 改正下列句中不符合普通话语法规范的地方

昨天的作业大家有没有做？

那个人我认不到。

那件事情我晓不得。

广场上不晓得有几多人！

我将将吃得饭你就来了。

你咋不言语？

他心里蛮开心。

下编

普通话口语表达训练

第七章　辩　论

一、辩论概述

（一）辩论的概念

辩论，也称论辩，是观点对立的双方就同一问题进行争论，以说服或驳倒对方为目的的言语活动。

（二）辩论的特点

1. 论点的同一性和对立性

辩论是双边活动，得有两方人员参加，这样才能"争胜"。双方的观点是相互对立的才有辩论的可能。同时，双方为了自己的观点的确立，必须进行针锋相对的争辩，以最后取得自己一方的胜利。

2. 论理的逻辑性和策略性

因为辩论的原因是"争胜"，为此，辩论双方都会运用各种论证方法、技巧去争取辩论的胜利。这样，整个辩论中的立论和驳论，都应概念明确、判断准确、推理合乎逻辑。严密的论证才能给人无懈可击的感觉，才可能获取辩论的胜利。而且，在整个的论证过程中，任何一方都要以系统完整的理论体系来建构、完善自己的论证和论述，给人以强有力的说服力。

辩论除了要讲究逻辑性外，还必须注意策略性。尽管辩论的胜负主要决定于真理所在，但事物的矛盾性和内在联系的复杂性，以及辩论者不同的思想观念、阅历经验、性格心理、语言修养和辩论技巧，使得辩论中的情况错综复杂，所以，尽管作为有理的一方，也未必胜券在握，所以，必须知己知彼，洞悉对方，同时还要善于察言观色，及时捕捉对方的心理状态，及时抓住对方的谬误的要害之处，运用恰到好处的辩论策略，才能稳操胜券。

3. 表达的临场性和灵活性

辩论很多的时候是打"无准备之仗"，需要现场发挥，所以，要求辩论者应有深厚的知识底蕴和敏捷的思维反应能力，不能单纯地根据准备好的材料"照本宣科"，而要能根据临场辩论的情况，及时调整自己的辩论材料、结构安排和方式策略，才能有针对性地抓住要害，驳倒敌论，树立自己的论点；甚至还要根据现场观众的反应和形势的变化，随机应变，自控和控场，并使自己的语言进行灵活生动的表现，或增、或减、或调、或删。

4. 论辩性

辩论本质上是一种言语对抗艺术，是关于同一事物的是非之争，是辩论者就同一问题，站在对立的立场上，进行针锋相对论争的过程，其相互之间经过对某一问题的证明、质疑、诘难、驳斥和揭露对方的矛盾，最终趋于正确认识或达到某种共识的言语对抗。所谓雄辩，实际上就是在这种竞技性的言语对抗中迸射出的强大的艺术魅力。

（三）辩论的类型

辩论一般可以分为应用型辩论和竞技型辩论两种。

1. 应用型辩论

应用型辩论是针对现实生活中某种特定需要而进行的辩论，多以分清现实生活中某一特定问题的是非、曲直、真伪、优劣等为目的。根据辩论的具体内容和目的，其往往又可分为外交谈判、法庭辩护、学术争鸣、方案论证、商贸洽谈等。

2. 竞技型辩论（赛场辩论）

竞技型辩论即以培养辩才和机辩能力为目的的辩论。双方就某一特定的辩题展开辩论，以决胜负。竞技型辩论是应用型论辩的基础，应用型辩论是竞技型辩论的实际应用。竞技型辩论所要求辩手具备的智力和口才正是在日常生活中应用型辩论辩手所应必须和必备的。

二、辩论能力的培养

辩论能力是在长期的辩论实践中锻炼出来的，是潜心修炼后的"正果"。正像戏曲表演艺术家们所说的"台上一分钟，台下十年功"。辩论的"台下之功"不仅包括储备相应的知识和材料，解析一个具体的辩题，准备辩词，还包括辩论能力的培养。一般来说，辩论能力的培养主要包括思维能力、概括能力、反应和表达能力等几个主要的方面。

（一）思维能力的培养

中国古代重视辩论，但是强调"辩慧，不辩口"。这就是说，辩论不能只是口舌之辩，而是要辩思想，重在说理。说理不能停留在伶牙俐齿，不能像曲艺演员那样练"吃葡萄不吐葡萄皮"的绕口令，而是要储存思想、锤炼智慧、培育自己的思维能力。大致说来，思维能力主要包括逻辑思维能力和形象思维能力。

1. 逻辑思绪能力

辩论的核心是论证，论证的根本在逻辑。辩论要求有深思熟虑的逻辑设计和严密无误的推理，因而没有很扎实的逻辑思维功底是很难达到的。辩论所要求的逻辑思维包括两个方面，一是形式逻辑思维，二是辩证逻辑思维。

（1）**形式逻辑**

形式逻辑是形式逻辑研究正确思维形式及其规律的科学。它告诉人们如何才能正确地用概念组成判断，又如何正确地用判断组成推理和论证。它还向人们展示不同种类的推理论证方法。一个正确的思维过程必须符合形式逻辑的规律和规则，必须遵循同一律、矛盾律、排中律、充足理由律等基本的逻辑规律。很多人并没有专门学过形式逻辑，但他们可以通过实践活动获得自发的逻辑训练，因而一般情况下也能做到有逻辑地思维和表达。但是作为一个辩手，应当系统地学习形式逻辑知识和接受适度的训练，以便使自己在逻辑思维方面由自发状态转化为自觉状态，以明白地区分思维过程的正确（合逻辑）与错误（不合逻辑），并懂得其中的道理。至少在对方玩弄违反形式逻辑的诡辩时，知道他错在何处。下面我们举两个例子，说明学习形式逻辑的必要性。

【例 7.1】 古希腊一个叫欧提勒士的人向当时著名辩者普罗泰哥拉学习法律，师生二人订有合同：学生毕业时交给老师一半学费，另一半等学生第一次出庭打赢官司时交清。而学生毕业后迟迟不出庭，老师等得不耐烦，向法庭起诉，要学生付另一半学费，并提出一个"两难推理"："如果学生这次官司打赢，按照合同，学生付老师另一半学费；如果学生打输，按照法庭判决，学生也应付老师另一半学费。"学生不甘示弱，提出一个相反的推理："如果学生打赢了官司，按照法庭判决，学生不应付另一半学费；如果学生打输了这场官司，按照合同，学生也不应付另一半学费。"师生二人推理看似都有道理，但都违反了形式逻辑的同一律，使用的不是同一个标准。

【例 7.2】 在中国古代《战国策·秦策》中有这么一个故事：梁地有个叫东门吴的，他儿子死了他一点儿也不悲痛。妻子问："你很喜欢儿子，儿子死了，为什么不悲痛？"东门吴回答："我没有儿子时不悲痛，现在死了儿子，也就是没有儿子了，我为什么悲痛呢？"他的推理就是："没有儿子是不悲痛的，死了儿子是没有儿子，死了儿子也是不悲痛的。"在这个推理中，大前提的"没有儿子"与小前提的"没有儿子"并不是一个概念，一个是指"未曾得子"，一个是指"得子而复失"。东门是偷偷地把两个概念等同了，在三段论中玩弄四概念诡辩。

以上两个例子说明，违背了形式逻辑的规律必然会导致诡辩，不懂得形式逻辑就会为诡辩论所迷惑，明知推论有误，却不知道错在何处。

（2）辩证逻辑

辩证逻辑不像形式逻辑那样只注重思维的纯形式结构的研究，而是通过从思维内容的联系去说明思维的形式。所以辩证思维的基本特征就在于：在思维中把握了对象的某一方面后，还要去揭示出对象的多样性并使其统一起来；在思维中分别考察了各个有差别的对象后，又要把它们联系起来；在思维中相对静止地考察了对象的各个阶段之后，又要使他们流动起来。这就是说，辩证思维就是运用概念等思维形式再现客观对象的多样性统一，普遍的联系和发展的过程。显然，辩证逻辑是结合客观事物的发展规律及人们的认识去研究思维活动的。从这个意义上可以说，辩证逻辑是一种更高级的思维逻辑。恩格斯曾形象地把形式逻辑与辩证逻辑的关系比喻为初等数学与高等数学的关系，这从一个侧面说明我们学习和掌握辩证逻辑的重要性。就一般辩论而言，除了少数辩题迫使一方不得不采用诡辩或在某一点上采用诡辩之外，大多数的论辩都能遵守形式逻辑规则。因此双方的较量就突出地表现在辩证思维的战场上了。

拿一个关于某一社会现象的辩题来说，要揭示这一现象与其他社会现象的联系，既要考察它的静态，即一定时期的存在状态，又要考察它的历史延伸和未来的趋势，才能完整地说明己方立论的正确性。这里所运用的更直接的就是辩论逻辑思维。可以说，到目前为止所有高水平的比赛都充分体现了辩证逻辑的魅力。

具体说来，辩证逻辑思维在辩论中的魅力和作用，主要在于对辩题理解和论证的"新意"上。辩证思维作为一种流动的、全面的、整体的思维模式，它不仅静态地考察事物，而且在动态中认识事物；它不仅认识事物的某一方面，而且要尽可能从各个方面、多个角度去认识事物；它不停留在对事物现象的理解上，而是要深入到事物的本质。因此，它对事物的理解，超越了事物的现存状态，超越了人们对事物的常识性理解，所以，它常常能给人以"新意"。

在辩论中，这种"新意"一方面表现为它可以打破人们的思维定势，从人们熟知的知识中推出新的知识，从习以为常的现象中揭示出非同寻常的意义，走出人们的思维定势，给人一种豁然开朗的感受。因此，它可以挑战权威，摒弃成见，消除轻信，鞭挞盲从。另一方面，辩证逻辑思维的"新意"，还表现在对论题论证方式的独特上。它不固守既定的模式，不愿走人们走过的老路，而是要独辟蹊径，以特有的方式论证自己的立场观点。当它这样做的时候，绝不是盲从"弄取为高"的教条，而是以充足的根据，严密的逻辑、清晰的思路为基础，支撑起自己架构的"大厦"。即使是对一个大家认同的观点，或者说，观点无新意，但论证方式与众不同，也同样给人以"新"的感受。这样说来，辩证逻辑思维"输送"给辩论机体的是一种"新鲜"的血液，使辩论给人以思想的启迪，而这正是辩论最高境界的内涵之一。

学习辩证逻辑思维既需要系统地学习辩证逻辑知识，还需要学会成熟地运用这些知识，培养自己辩证思维的能力。换句话说，辩证逻辑思维更多的是一种长期的思维训练的结果，训练的材料就是知识，尤其是那些理论性、逻辑性很强的知识。恩格斯曾说过，除了读哲学史外，到目前为止尚未发现提高思维能力更好的办法。宽泛点说，读人类思想史是锻炼思维能力最有效的办法，当你在这样做的时候，实际上就是沿着人类思维的路程走了一遍，通晓了人类解决现实问题的难点以及对这些难点的解决方式，就像从幼童走向成熟一样，从而锻炼出较强的辩证思维能力。从这个意义上讲，辩证逻辑思维的能力绝不是短期的在辩论集训中所能迅速获得的，它是一个长期的训练过程，是"台下十年功"的一个重要内容。

2．形象思维能力

人类的思维不仅是理论的，也是形象的，由于理论是抽象的，所以人们为了让对方理解自己的观点，常常用形象的东西予以说明。现代心理学证明，人际沟通必须有共同的经验范围。每个人的心理世界可视为一个圆，两个人的沟通就是两个圆的相交，它们相互交叉而形成的这块共有的区域就是共同的经验范围。一般说来，这块共有的经验范围越大，两人之间的沟通就越容易。众所周知，大多数人共同的东西常常不是理论而是日常生活的经验。这样，那些懂得理论，善于逻辑思维的人，为了让对方理解自己的观点，就必须将抽象的东西形象化，使之具有直观性、形象性，让人一听就明白，这就需要人们富有丰富的想象力。逻辑思维插上想象的翅膀，有时会比单纯的理论推理更有说服力，更容易让人接受。

18世纪美国著名的政治家富兰克林，抨击当时具有一定收入才有资格当议员的法律，没有长篇大论，也没有逻辑推理而是以简洁的语言形象地指出这个法律规定的荒谬。他说："要当议员，我必须有30美元，假如我有一头价值30美元的驴，我因而当上议员。过了一年，我的驴死了，我也就不能再当议员了。试问，到底是谁当议员，是我，还是驴？"这样，富兰克林把30美元形象化为驴，推出一个在情理之中的结论，简洁生动。

辩论不仅需要丰富的形象思维，更需要这种简洁的形象思维。形象思维能力人人具有，但高水平的形象思维能力需要"文学之炉"的锻造，需要"艺术之火"的熏陶，它同逻辑思维能力的培养同样是一个长期的自觉过程。擅长逻辑思维的人千万不能小瞧了形象思维能力，一个即时的幽默，恰当的比喻，贴切的联想，就像一个漫画家寥寥几笔的传神之作一样，看似简单，实为几十年功力之所为。

哥伦布发现美洲大陆后凯旋西班牙，受到国王和王后的迎接。对此隆重的礼遇，一些人颇不服气，在一次宴会上有人对哥伦布说：

"你发现了新大陆不值得大惊小怪，任何一个人都可以发现，这太简单了。"哥伦布不语，从盆子里拿起一个鸡蛋对周围的人说："你们谁能把它立起来？"大家轮流试立，都未成功，都说这是不可能的。哥伦布拿过鸡蛋小心地将它的一头敲破了一点，将鸡蛋立住，然后平静地对大家说："先生们，还有什么比这更容易的呢？可你们却说不可能，这是再简单不过的了，任何人都可以去做的 —— 在有人做过了以后。"这就是首创和模仿的区别。模仿是容易的，但哪怕是一个简单的首创都是困难的。

所以，有志于辩论的人，要学习的不是别人形象思维的成果，而是孕育这种成果的能力。

（二）概括能力的培养

对方的立论就像一棵枝繁叶茂的大树，要分清它的枝、叶、干和根，才能施以有效的攻击。无论是程序辩论还是自由辩论都不能热衷于攻击对方的叶和枝，而要看准它的主干和根部，一次掘根给它的打击显然胜于十次对枝叶的伤害。但是要做到这一点，辩手必须有很强的概括能力，在听完对方陈词后，能够立即概括出对方立论的主要内容和立论的根据，找出它们之间的联系，发现此"大树"的根之所在。如果辩手没有这种概括能力，把对方"大树"打得枝残叶落，看似攻击凌厉，令人眼花缭乱，结果仍不会对对方构成有效的威胁。可见，概括能力是攻击对方要害的前提。概括能力是可以培养的。

1. 理论概括能力

所谓理论概括能力，是指从个别对象的认识推及一类对象的抽象能力。在辩论中就是要从对方的具体论述中抽取它的主要观点、基本思路和论证的结构，然后有的放矢地驳斥，这是非常重要的能力。在程序辩论中，听完对方一个辩手的发言之后，要能迅速地概括出它的观点、思路和结构，并立即做出有力的驳斥。然后再陈述自己准备好的发言。如果没有对对方的概括和驳斥，就会给人以未能交锋的印象。在自由辩论中，如果不能概括对方的观点，就会分散自己的进攻点，不能击中对方的要害。

2. 形象概括能力

形象概括能力不像理论概括能力，理论概括运用的是逻辑思维能力，而形象概括能力运用的是形象思维能力。它主要将某一观点概括为一种生动鲜明的形象，使人一望便知，一听就懂。形象概括的作用有时比理论概括的作用更大，它的直观性使人一下子就明白了此种观点的内涵。在概括对方观点时，可以用一个形象予以说明，使其荒谬性显而易见，意大利的一则幽默很好地体现了这一点。

一个农民和学校的老师见面，下面是他们的对话：

农民："我要教育我的儿子，免得他成为愚蠢人。"

老师："你做得很对，但每个月要交十里拉。"

农民："这笔钱数目不小，我可以买头小毛驴了。"

老师："如果你买了驴子，而不教育儿子，那么家里就有两头驴了。"

这位教师用"驴"形象地概括了不受教育的后果，从而把农民观点的荒谬性一下子凸现出来了。在辩论中也有巧妙地运用形象概括对方观点，然后予以驳斥的。例如，在辩"温饱是谈道德的必要条件"的反方把对方的观点称之为"肠胃决定论"，即只有吃饱了才能谈道德，非常形象和贴切，使观众和评委直观地认为正方观点难以成立。

形象概括也可以用来论证己方的观点。形象地概括对方的观点是为了凸现对方的错误，多少都有些丑化的倾向；而形象地概括自己的观点，是为了显现己方的正确性，多少都有些美化的倾向。

有人曾问大哲学家笛卡尔："你学问那样广博，为什么还感叹自己的无知呢？"笛卡尔说："哲学家芝诺不是解释过吗？他画了一个圆圈，圆圈内是已经掌握的知识，圆圈外是浩瀚无边的未知数。知识越多,圆圈越大。圆周自然就越长,这样它的边沿与外界的空白接触面也越大,因此未知部分当然显得更多了。"这种形象概括极为生动直观,道理清楚明白。

在辩论中也有为自己的观点做形象概括的,以便于观众和评委准确地理解自己的观点,在辩"现代社会的选材标准是否应以学历为主"时,正方把学历比作"尺子",把能力比作"长度",以学历衡量能力,就是以尺子来丈量长度,以此表明学历和能力的关系,十分贴切。

(三) 语言能力的培养

辩论的语言能力主要包括声情并茂、思借词涌、缩长求短三个方面,语言能力的训练也是围绕这几方面展开的。

1. 声情并茂

辩论要求词胜、理胜,还要情胜,要声情并茂。而怎样才能做到声情并茂呢?

(1) 要想动人先动己

朱光潜先生曾说,如果自己不感动,就绝对不会使读者感动。辩手在陈词训练时,要真正理解文中之蕴,不是用嘴而是用心将它表达出来。在平时的训练中就要培养辩手的这种"动情"的能力。例如在辩"应对妇女就业实行保护"时,辩手在反驳对方观点时用了这样一个真实的故事:"听完对方四辩的慷慨激昂的陈词,我不由得想起了一个令人心碎的故事:沈阳女工郭春兰,息工 6 年,始终就业无门,最后她把家中的一切连同她的希望一起砸碎,携年仅 8 岁的女儿从 7 层高的楼上跳了下去,结束了她年轻的生命和息工 6 年的烦恼。对方辩友,如果在这 6 年里,社会能对她伸出保护之手,也许我们的心就可以少碎一次。对方辩友,激情与梦想代替不了现实,只有正视现实才能诞生更灿烂的梦想与更热烈的激情。"这段声情并茂慷慨激昂的陈述给人以强烈的心灵震撼。但是观众们不知道,这位辩手在台下准备这段词的时候，每一次都是热泪盈眶，正因为他感动了自己，所以他才感动了观众。

（2）**情景联想法**

要在训练中调动辩手的感情，可以借助于情景联想的办法，有些辩题陈词比较宏观，年轻辩手不理解，也不容易动感情。例如辩手在准备"应当购买国货"的辩题时，有的队员不动声色，平铺直叙，这时教练就用情景联想的办法予以调动，让他想一想，至今仍在海底的北洋水师的沉艇，想一想那么多不平等的条约，想一想我们的人民在近代历史上所遭受的种种屈辱，都是因为我们没有强大的工业。今天，我们每一个国民购买国货就是要扶植自己的民族工业，就是要使我们自立于世界民族之林，就是要真正、彻底、永远地结束中华民族屈辱的历史。居民手里的每一分钱都是铸造民族工业大厦的砖瓦，我们每一句呼喊都有助于民族工业的强大。这样，辩手就理解了辩词的蕴意，以饱含沧桑的历史厚重感把它陈述出来，就可以获得更佳的现场效果。

2. **思借词涌**

辩论是通过语言表现出来的，这就要求辩手必须词汇丰富。因此，促使辩手贮存更多的语词就成为训练的一个基本内容。要达到这一目的，可采取如下训练办法。

（1）**给情节编故事**

这个办法是给辩手一个故事梗概，让他用尽可能多的词汇编成一个动人的故事，促使他在不同的情节中运用不同的词汇予以描述，看其用词是否得当，是否丰富，是否动人，锻炼辩手的语言表达能力。经过这样的训练，就会增加辩手的词汇积累。只有储备充足，才会随心所欲，信手拈来，在辩论时，就会不假思索，脱口而出，而且恰到好处，形象贴切。

（2）**连诗接成语**

诗、词、歇后语、成语、格言、谚语，是我国文化宝库中的精华，是前人世代创造的积累。它们语句凝练，含义丰富，特别适合辩论时使用。使辩手懂得我国古代优秀的文化遗产，教练可以读某诗的上半句，令辩手接下半句，或者辩手之间相互训练，并对有问必答者鼓励，对难于续接者"惩罚"。

对谚语、格言的学习也可以采取如上的办法。对成语的学习可以采用"接长龙"的方式，前一人说一个成语，后人以其末一字为下一个成语开头，如此循环不断，可以两个人对接，也可以群体联结，看谁接的次数多，多者有奖，少者有罚，以训练辩手掌握大量的成语。

3. 缩长取短

我们日常说话短句多，长句少，而写文章时则长句多，短句少。由于辩论主要运用的是口头语言，所以应当尽量用短句，听来使之更容易理解。如果一个句子是由主语从句、宾语从句和状语从句构成，那听众就会很费解，影响他们听清陈述的内容。怎样锻炼应用短句的能力呢？主要有两种办法：其一，拆长为短，给辩手一篇以长句为主的文章，令其拆开而不改其意，促进其学会用短句表达同样的意思。其二，平日说话也要令其短句化，久而久之，就会形成用短句说话的习惯。一般来说，短句说者轻松，听者易懂，是比较合适的辩论语句。在程序辩论中运用短句，还会给人以口语化的印象，掩盖背诵的痕迹，使之亲切自然。

思维能力、概括能力和语言能力是论辩的最基本的能力，之所以说它是最基本的能力，是因为思维能力构成论辩的基础，概括能力是形成论辩的条件，而语言能力是抒发自己观点的工具，从能力要素上讲，这三种能力的结合，可以完成一场辩论了。对辩论有影响的其他一些非主要的能力，就不一一赘述了。就一个辩手来说，如果具备了这三种能力，就会在辩论中应付自如，就可以"天高任鸟飞，海阔凭鱼跃"了。当然，获得这三种基本能力并使其具有较高的水平，绝不是朝夕之功。

19 世纪德国著名画家阿道夫·门采尔有一天听到一位画家诉

苦。这个画家说:"我真不明白,为什么我画一幅画需一天的时间,可卖掉它,却要等上一年。"门采尔认真地答道:"亲爱的,请你颠倒过来试试吧,要是你花一年的工夫去画它,那在一天里准能卖出去。"门采尔的话说明了工夫与成果的真实关系。

第八章　演　讲

一、演讲概述

（一）演讲的含义

演讲就是演讲者在特定的情境中，借助有声语言（为主）和态势语言（为辅）的艺术手段，针对社会的现实和未来，面对广大听众发表意见，抒发情感，从而达到感召听众并促使其行动的一种现实的信息交流活动。

1. 演讲与朗诵的区别

演讲与朗诵是有较为明显的区别的。演讲与朗诵可以从准备环节、实现环节、抒情性质三方面进行比较。

（1）演讲从选题到实现演讲，始终以"我"为出发点；朗诵是先有朗诵材料，被动"无我"的。因而朗诵之前应认真研究作品，为朗诵的再创造奠定基础。

（2）演讲时发自内心地抒真情、说真理，同时场上的观众也受制于"我"；而朗诵是忘我、进入角色的，在诵读中营造氛围，定准基调，声未出，情先现。

（3）演讲是自我真情的流露，感情纯朴、真挚；而朗诵传输的是艺术真情，传达的是复杂微妙的感受。

2."演"与"讲"的关系

演讲需要处理好"演"与"讲"之间的关系。在现实的演讲活动中，有以下两种倾向很值得注意：

（1）有的演讲者只"讲"不"演"，只注重演讲的实用性而忽略了演讲的艺术性，使演讲不伦不类，干巴枯燥，因而削弱了演讲的效果。

（2）有的演讲者一味过分地"演"，追求相声、评书、朗诵、故事等其他艺术表演技巧，冲淡了演讲的现实性、实用性和严肃性，显得滑稽、夹生，起不到演讲应有的作用。

这两种倾向都是必须认真加以克服的。

（二）演讲的特征

1. 现实性

演讲属于现实活动范畴，不属于艺术活动范畴，它是演讲家通过对社会现实的判断和评价，直接向广大听众公开陈述自己主张和看法的现实活动。

2. 艺术性

演讲的艺术性在于它具有统一的整体感和协调感，即演讲中的各种因素（语言、声音、表演、形象、时间、环境）形成一种相互依存、相互协调的美感。同时，演讲不单纯是现实活动，它还具备着戏剧、曲艺、舞蹈、雕塑等艺术门类的某些特点，并将其融为一体，形成具有独立特征的艺术活动。

3. 鼓动性

没有鼓动性，就不成其为演讲，政治演讲也好，学术演讲也好，都必须具备强烈的鼓动性。一切正直的人们都有追求真善美的渴望，演讲者传播了真善美，自然会引起共鸣，激励和鼓舞听众。演讲者以自己炽烈的感情去引发听众的感情之火，容易达到影响听众的目的。可以说，鼓动性是演讲成功与否的一个标志。

4. 工具性

演讲是一门科学，更是一个工具，是人们交流思想的工具。任何思想、任何学识、任何发明和创造，都可以借助演讲这个工具来传播。可以说，演讲是最经济、最实用、最方便的传播工具，任何人都可以利用它。

二、演讲的传达手段

（一）有声语言

有声语言是演讲活动最主要的物质表达手段，是信息传达的主要载体。它是由语言和声音两种要素构成的。它以流动的声音运载思想和情感，直接诉诸听众的听觉器官，产生效应。

有声语言的要求是吐字清楚、准确，声音清亮、圆润、甜美，语气、语调、声音、节奏富于变化，要注意形式美和声音美。它具有时间艺术的某些特点，是听众听觉的接受对象和欣赏对象。演讲要求吸收和借鉴各种语言表演艺术和各种语言表达形式的长处和特点。它既需要交谈式的平易亲切，也需要朗诵般的圆润动听；既需要论辩时雄辩的逻辑力量，也需要相声般的幽默风趣；既需要讲课、做报告式的条分缕析，也需要说评书般的跌宕起伏，以此来丰富和加强演讲的语言表现力。因此，一个严格要求自己的演讲者，必须对声音进行有意识的研究与训练。

（二）态势语言

态势语言就是演讲者的姿态、动作、手势、表情等，它是流动着的形体动作，辅助有声语言运载思想和感情，诉诸听众的视觉器官，产生效应。由于它是流动的，只存在于一瞬间，稍纵即逝，这就要求它准确、鲜明、自然、和谐和轻灵，要有表现力和说服力。

这样才能让具备"能感受形式美的眼"的听众在心理上唤起美感，并得到启示。

态势语言是听众视觉的接受对象和欣赏对象。然而，态势语言虽然能加强有声语言的感染力和表现力，弥补着有声语言的不足，但如果离开了有声语言，它就难以直接地、独立地表达思想感情。

1. 态势语言的重要性

演讲不仅需要吐字清楚、声情并茂，还要举止大方、态势潇洒，即不仅需要言词声音，同时还需要辅以动作表情。通过面部表情、体态、手势进行思想感情交流和信息传播的手段，便称之为态势语言，亦称体态语、无声语言。态势语言具有丰富的表现力，美国心理学家艾帕尔说："人的感情表达由三个方面组成：55%的体态，38%的声调及 7%的语气词。"这说明了态势语表达的重要性。

演讲的态势语言是在自然状态的态势语言的基础上加工提炼而成的，这种态势语言既能表情达意，又具有很高的审美性。演讲的态势语言辅助有声音语言以完满地表达内容，充分地抒发感情，态势语言可以看作是对重要的词语、句子进行加重或强化处理，具有强调功能。"言之不足，手之、舞之、足之、蹈之"，这就是说，态势语言可以把有声语言不便说、说不出的意思表达出来，或者帮助表达未尽之意，它具有取代和补充功能。

2. 运用态势语言要遵循的原则

（1）要有目的性

下意识的态势一般没有明确的目的性，比如，有时一种手势、动作的产生，出自下意识，纯粹只是生理上的要求，并没有明确的目的性。不过这种手势、动作还是有用的，它可以帮助演讲者把声音有力、有情、生动地送出去。假如我们把这种态势由不自觉变为自觉，由不够准确、优美变为准确、优美，以加强号召力和鼓动力，可进行加工，使之变成具有目的性的态势。而有意识的态势则具有很强的目的性。有意识，就是要使一挥手，一摆头，身子或向前倾，或往后仰，都有内在的根据和清楚的用意。

（2）要确要精炼

所谓确要，就是准确、优美，要由演讲者内在的思想意图决定，要能恰当地传情达意，具有补充或加强话语、帮助听众理解、促使听众接受的作用。所谓精炼，就是要以少胜多。手势动作对于每个人来说，一来库存就不多，变来变去也不会出现什么新花样，要是随意使用，或者多次重复一种手势动作，就可能丧失其功效。

（3）要自然活泼

自然，就要反对造作，强调活泼，就是不要单调呆板。没有表达思想感情的需要，缺乏内在的根据，哪怕有意识去做一种手势，一个动作，观众也可能认为你节外生枝，矫揉造作。而单调、呆板、机械重复一样会使人失去兴趣。

（4）要坚持自己的个性

态势的表现同演讲者的性格气质紧密相连，而且个人的性格气质往往"规定"了他的态势特点。一个开朗、爽直、麻利、说话办事都十分快速的人，他的表情动作，尤其是手势动作，一般表现为急速、频繁、果断、有力；一个比较内向的人，他的态势表情往往又表现为动作缓慢，手的活动范围较小，而且变化不多。因此，我们在运用态势进行表达、交流的时候，必须保持自己的个性特征，显示自己的风格，切勿一味模仿别的什么大演讲家。

3. 态势语言的系统配合

演讲的态势语言是一个系统，它由头部语言、面部语言、眉目语言、手势语言和体态语言几个部分构成，各个部分协调合作，互相配合，具有很强的综合性。

（1）头部语言

头部是演讲者形象的主体，是听众目光的焦点。头要正，目光亲切自然，发声方向略高于视平线，这是对演讲者头部的最基本的要求。但是在不同的语境和情境中，演讲者的头部便呈现出不同的形态，常见的大体有四种形态。

① 正位。面部正对听众，不频繁晃动，目光落在会场中部的听众脸上。这种形态多用于陈述性演讲，表达比较平稳的感情，显得庄重严肃。这是演讲中的一种最基本的造型，也是变化为其他位型的基点。

② 侧位。侧位的最佳角度是满侧，即由正面向左或右满侧35°左右。这样，既能让侧面的听众看到脸部的正面，又能使其他方位的听众看到脸部的大半部分。侧位打破了正位的严肃，给听众一种优雅感。询问性、怀疑性的语言和表情多配合侧位动作。

③ 仰位。头部向上仰起，可微仰、可昂仰，亦可偏仰，但所表示的意义各不相同。一般说来，微仰表示思考和停顿，昂仰表示情绪激动，偏仰表示呼唤与憧憬。恰当的仰头，也可以给听众一种生动感。

④ 垂位。垂下头，垂下的程度不同所表示的意义也是有区别的。浅垂位一般表示谦虚、停顿和思索；深垂位表示悲伤、伤感和难过。

演讲中演讲者的头部不是僵直的，而是各种位型交替变化，时而正位，时而侧位，时而点头，时而摇头，时而抬头，时而低头，并配合各种手势和身姿，既有表现力，又生动多姿。总结演讲者的各种姿态，研究者们指出，演讲者的头部和两肩构成了三点，这三点最好不要同时正对听众，这样做，演讲者的姿势可能会更优雅动人些。

（2）**面部语言**

演讲者在演讲时面部应该表情丰富，通过积极的调节、控制和支配，使表情准确地、自然地、恰当地体现自己的丰富感情，使听众便于领会。面部语言，是可以抒情的，即将演讲者各种心理活动和情绪变化外化为面部的肌肉活动和神色的变化。

① 笑。在面部语言中，笑是一种特别值得提倡的语言。这是一种特别有效的交流与交际工具。不管演讲者的心情如何、态度怎样、情绪好坏、有何倾向，只要他笑，不管他是怎样笑、是何种笑，听众便立即可以读懂这种语言，并且受到感染。笑是愉快的，是获得友谊、取得信任、融洽关系、化解窘态的重要手段；笑也是一种武器，它可以"把屠夫的凶残化为一笑"。

② 哭。与笑相反，哭也是一种语言。俗话说，人不伤心泪不流。讲到悲伤处、凄惨处，演讲者的感情不仅常常从痛苦的面部表情表现出来，而且还从声音中传导出来，有时还流泪流涕、泣不成声，台下的观众也同样潸然泪下、抽抽泣泣。

笑与哭，这两种语言是最明确的，效果也是显然的。但在演讲中要注意，第一，感情要真实，不能做作，否则将弄巧成拙；第二要把握好语境，并且要善于渲染；第三要善于控制。譬如笑，演讲者觉得好笑，听众还不知道是怎么一回事，自己就笑起来；或者事先就宣称如何如何好笑，这样做，听众往往笑不起来。哭也是一样，演讲者在台上痛哭流涕，虽然有时也能获得台下听众某种同情，但震撼力和穿透力是不强的，而且形象也不美。正确的做法应是：含泪不掉泪，能哭不出声；有笑不大笑，可笑反不笑。

（3）眉目语言

巧妙地使用眉目语言，这是一种艺术。演讲中，演讲者随意自然，有时盯着某处看，似乎专门说给一个人听；有时一会儿冲左边微笑，一会儿冲右边点头，一会儿朝后边示意，一会儿朝前面挥手，目光流盼，使全场每一个听众都感觉到演讲者是在看着自己说话，造成了一种极为亲切的交流氛围。有经验的演讲者是怎样具体运用眉目语言的呢？

① 环视。环视，即演讲者有意识地环顾全场的每个听众，从左到右，从前到后，从听众的各种神态中了解和掌握现场的情况与情绪。这种方法既可使用在演讲的开头，也可不断地使用在演讲的过程中。

② 点视。点视，即把目光集中投向某一角落、某一部分，或者个别听众，并配合某种手势或表情。这是一种最有实效，最有内涵的一种眉目语言。

③ 虚视。虚视，即虚眼。演讲者的目光在全场不断扫视，好像是看着每个听众的面孔，实际上谁也没看，只是为了造成演讲者与听众之间的一种交流感，弥补因为环视和专注而可能使部分听众感觉受冷落的缺陷。

（4）手势语言

手的动作灵活，开合自然。人们在说话时，常常做出各种手势。手势都有一定的心理依据，正如法国心理学家格·吉华什和莫·尔维尔格指出的："手势是人体中枢调节器官的某次调节动作过程的'外衣'。"动于衷，形于外，手势是能表达心理活动，表达思想感情，传导信息的。罗丹说过："没有灵敏的手，最强烈的感情也是瘫痪的。"几乎是所有的演讲都有自己独特的手势语言。

① 手势活动的范围。手势的活动范围不同，所表达的意义是不一样的。手势活动的范围，大体分三个区间：A. 肩部以上为上区手势，表示积极向上或激昂，例如，讲到激动处时，演讲者常常双手向上举甚至挥动拳头。B. 肩部到腹部间为中区手势，表示客观冷静，例如，叙述一件事，分析一个理，演讲者的手势常常在胸前出现。C. 腹部以下为下区手势，表示鄙夷、厌恶、决裂，例如，当讲道："我们需与一切没落的、腐朽的、甚至是反动的封建势力和封建思想彻底决裂！"演讲者会做出一个往下劈的手势。

② 手势活动的方向。手势运动的方向不同，意义也大相径庭。一般来说，向内、向上的手势，意味着肯定、赞同、号召、鼓励、希望、充满信心，是积极的手势；向外、向下的手势，意味着否定、拒绝、制止、终止、摒斥、冷漠，是消极的手势。例如，同样是搓手，朝上搓，可能是摩拳擦掌，急不可待；往下搓，则可能局促不安，不好意思。同样是举起两个手掌，掌心向内，往内缩这是表示向我靠拢、注意我；掌心向下，往外推，则意味着拒绝、回避。

③　手势活动的幅度。幅度的大小与演讲者的感情、语势有很大的关系。幅度大，表示强烈，幅度小表示平和。手动臂不动，是小幅度；手臂挥动，甚至还带动全身，双手挥舞，这是大幅度。一般说来，演讲者大幅度的手势不宜过多，只能偶尔使用；太多，"手之、舞之、足之、蹈之"，像个疯子，会破坏协调美，甚至还会引人发笑。

④　手势活动的形状。由手指和手掌构成各种不同的手形，即手势活动的形状。演讲中，更精彩、更确定的定义，常常是通过各种手形来表现的。在手的动作中，手指和手掌是最敏锐、最灵活的部分，从而表意性最强。

手势不在于多，而在于简练，在于有表现力。简练是艺术的规律。手势是直接作用于听众的视觉的，反复出现，很容易失去吸引力。一个人不会有很多具有表现力的手势，何况手势本身也只能是有声语言的辅助手段，手势再多也不能取代语言的表现力。因此，作为一个优秀的演讲者，既要注意培养和加强手势这种非语言的表现力，又要适当控制这种表现力。

（5）仪表风度

演讲者是以其自身出现在听众面前进行演讲的。这样，他就必然以整体形象，包括体形、容貌、衣冠、发型、举止神态等直接诉诸听众的视觉器官。而整个主体形象的美与丑、好与差，在一般情况下，不仅直接影响着演讲者思想感情的传达，而且也直接影响着听众的心理情绪和感官享受。

仪表，就是演讲者的容貌、姿态，包括长相、体型、身材以及服饰等，主要是指演讲者的外部特征。容貌，这是先天生成的，虽然是无可改变的，但可以修饰，可以通过化妆加以美化。譬如，选择适当的发型，描眉、施粉，根据身型、身材选择合适的服装，等等。但必须注意一点，演讲者的化妆，只能是化淡妆，千万不可以浓妆重抹；否则，就会使听众产生失真的感觉，就有矫揉造作之嫌。

风度，是指通过人的言谈、举止、仪表所体现出来的个人风格和气度。风度虽然同样是从某些外部特征表现出来的，但却是一个人的精神气质、文化修养、心理禀赋等诸因素的外化。人们常说"仪表端庄",这是对行为举止的一个最基本的要求;说"风度翩翩",却是对行为举止的更高要求。比起仪表来,风度就显得更内在、更高雅,蕴含更丰富。

风度必然从仪表中表现出来,但仪表绝不等同于风度。风度是内在世界诸因素的综合体现,其中包括气度性格、思想情操、文化教养等,人的行为举止因此受到支配和约束。

三、演讲者的素质修养

演讲者的素质修养包含的内容很多,最重要的包括这样几个方面:演讲者的人格素质,演讲者的思想道德素质,演讲者的文化素质等。

(一) 人格素质

人格,是指人的品格,是个体由遗传和环境所决定的实际的和潜在的行为模式的总和。一个人的人格往往体现为基本稳定的心理结构和行为规范,它组织着人的经验并制约着一个人对周围环境的反应和态度。人格有高尚和卑下之分,作为一个演讲者,他所需要的是健康的人格、健全的人格、高尚的人格。因为演讲是一种以思想、理性和激情感染他人、打动和激励他人的活动,演讲者自己必须具有高尚的人格品德,才有可能征服听众,动人心性,发挥演讲应有的作用。

(二) 思想道德素质

演讲者的思想素质主要是指他的思想觉悟、思想水平和思想观点。演讲者承担着启迪人们的思想、陶冶人们的情操、鼓舞人们前进的使命。一个思想观点浅薄、思想境界狭隘的人，是没有资格登上演讲台的。所谓道德，是一定社会为了人们之间以及个人和社会之间的关系所提倡的行为规范的总和。道德一般要以善恶、荣辱等观念为标准，通过社会舆论、内心信念和传统习惯来评价人们的行为，使人们具有善和恶、荣誉和耻辱、正义和非正义等概念，并逐步形成一定的习惯性规范以指导或控制自己的行为。

道德的培养是通过对道德规范的认识和体验，使人形成稳定的关于区分善良、丑恶、光荣、耻辱、高尚、卑鄙、诚实、虚伪等方面的内在信念。有了这种深刻的内在信念，就能自觉地调整自己的行为，而不需要任何外在的监督。道德素质培养的过程，实际上就是培养良心的过程。

演讲作为一种社会活动，理所应当的要受到一定的社会道德规范的制约，特别是作为演讲主体——演讲者来说，更应自觉遵守长期为公众恪守的道德规范，加强个人的品德修养，从而使演讲活动在符合道德要求的前提下得以展开。

（三）文化素质

演讲是一种文化活动，演讲者是文化的传播者，他自身首先就应当是一个有文化修养的人。

演讲者不仅是文化的传播者，而且还是文化的建设者和创造者，他的文化素质如何，关系到演讲的成败。一个没文化的或文化素质不高的人，是不可能成为一个合格的演讲者的。有的人讲起话来前言不搭后语，错字连篇、漏洞百出，就是因为文化素质太差。知识浅薄、思想苍白，只会贻笑大方。所以培养良好的文化素质是每一个演讲者都必须认真对待的人生课题。

第九章　朗　读

一、朗读的定义和特点

　　朗读是把书面语言转化为口头语言，把无声语言转化为有声语言的一种创作活动。朗读的过程就是书面语言口语化，无声语言有声化的过程。

　　朗读的特点是要逐字逐句地读，毫无遗漏，多读几遍就能达到全面熟悉作品的目的。

二、朗读的基本要求

　　1. 全面、准确、深入地把握作品

　　（1）要弄清楚作品中生字、生词、成语典故、专有名词、术语和语句的意思。

　　（2）要理清作品的层次脉络，即通过反复阅读、理解和分析，将作品从内容上分为几个部分，概括出每个部分的主要意思，并进而从整体上理清作者写作的思路。

　　（3）要比较深刻地认识作品的主题，即作者通过语言文字表达的和字里行间蕴涵的思想感情。

　　2. 具体、细致、真切地感受作品

　　朗读者对作品的感受首先表现为形象感受，包括由语言文字符号引起的具体的视觉、听觉、味觉、嗅觉、触觉、空间知觉、时间知觉、运动知觉等，是由作品引起的各种感觉、知觉的内心体验。

　　朗读者对作品的感受还表现为逻辑感受。这主要是指对整篇作品各部分之间、各段之间、各自然段之间及某一自然段中各句之间和一个句子中各词语之间逻辑关系的感受。朗读者既要善于从总体上把握文章起、承、转、合的内在逻辑联系，又要能具体而微地理解句子之间、词语之间连缀的逻辑关系。

　　3. 正确、流利、有感情地朗读作品

　　（1）正确地读，首先要求用普通话朗读。语音正确、标准是朗读最基本的要求。

　　（2）流利地读，是指在正确朗读的同时读得流畅，不顿读，不读破句子，不中断朗读，并能根据作品内容确定合适的朗读速度。

　　（3）有感情地朗读，则指恰当运用各种朗读技巧，准确而生动地表达出作品中蕴涵的思想感情。

三、朗读的基本技巧

（一）规范语音的技巧

1. 音节读准

　　简单来说，就是按照普通话的标准和规范来吐字发音，使发音正确、声调准确、字正腔圆。也就是说，按普通话的构成要求把汉字音节的声母、韵母、声调念准，进而读准每个音节。常用的汉字不过 4 000 个左右，它们都离不开 418 个音节和阴平、阳平、上声、去声 4 个声调。因此，只要下苦工夫，读准声母、韵母和声调，那么读准全部音节就是不难做到的事情。

　　当然，读准每一个音节后，不等于语音就规范了，还要进一步训练既保持自然语音的读法，又在咬字上进行适当的加工，以便听众对你讲出的每一个字词都能听得真切。

2. 音节协调

适当多用一些双音节词、四音节词讲话或练习朗诵，可以增强语言的响度和节奏感，读起来朗朗上口，听起来比较优美悦耳。

运用拟声词、象声词也是使音节协调的一种办法。它既可以使被表述的事物形象生动，又可使声音和谐，达到声与形的有机统一，增添语言的表现力。

3. 韵调和谐

这里所说的"调"，是指声调。汉字一字一个音节，每个音节又有四声即平仄之分，如果声调搭配得好，就可出现高低抑扬，急缓起伏之情势。

平声字和仄声字交错使用，可以形成声音的抑扬相应，高低相配，急缓相间，起伏相连，从而使声音刚柔相济，协调和谐。

（二）选择语气的技巧

1. 朗读语气的含义和作用

语气，即说话的口气。它既存在于书面语言之中，更存在于口头语言之中。在书面语言里，作者语气要通过读者的视觉引起思维才能感受、认识、体会。而口语表达中的语气，将句式、语调、理性、辞藻、音色、立场、态度、个性、情感等融为一体，由朗读者直接诉诸于听众的听觉，听众当即就可直观地感受到，因而，它对口语表达的效果产生直接的、立竿见影的影响。语气之强弱、长短、清浊、粗细、宽窄、卑亢等变化，均能产生不同的声音效果。

语气的内涵是多方面的，它具有多姿多彩的复杂形态。语气的多样性是语言本身丰富性的反映，也是语言能力强的一个表现。语气不同，表情达意也就有不同，其中尤其以声音和气息状态至为重要。朗诵者必须通过声音和气息将思想感情表达出来，而不同的声音和气息表达不同的思想感情。

可以这样说，有了恰当的语气，才能使朗读者具有形象色彩、感情色彩、理性色彩、语体色彩、风格色彩；有了恰当的语气，才能增强语言的魅力，才能恰当地表达思想感情，才能调动听众的情绪，才能引起听众的共鸣。

2. 语气的选择

语气是多种多样的，无论从表达主体和听众的关系来看，还是从表达主体的心境和思想感情来看，或者从表述内容和方式来看，它都是丰富多彩的，因人、因事、因时、因地而不同，变化多端，气象万千。在朗诵过程中，语气永远不会是单一的，常常出现几种语气交替出现或结伴而行的现象。不过，在综合运用多种语气的过程中，还是有主次之分的，主要的感情色彩造成主要的语气色彩，即语气的基调。所以，无论是朗读诗歌、散文、小说，都应掌握这个基调。与此同时，又要适时根据内容、感情、对象等的变化，选择调控自己的语气，使之恰如其分。

总之，语气要服从内容，语气要看对象，语气要质朴自然，贴近生活。

（三）调控速度的技巧

1. 朗读速度的含义和种类

朗读的速度，是指朗读中音节的发音时间长短，或者说单位时间里吐字的数量。它大体分快速、中速、慢速三种情形。

（1）快速。一般用于表示紧张、激动、惊奇、恐惧、愤怒、急切、欢畅、兴奋的心情，或者用于叙述急剧变化的事物与惊险的场景，或者用于刻画人物的机警、活泼、热情的性格等。

（2）中速。一般用于感情与情节变化起伏不大的场合，或用于平常的叙事、议论、说明、陈述等。

（3）慢速。大多用于表示沉重、悲伤、忧郁、哀悼的心情，或用于叙述庄重的情景。

不论快速、中速、慢速，都有一个"度"。比如，快速，也不能像放鞭炮似的，使人耳不暇接；慢速，也不能慢慢腾腾，半天一句，使人听起来十分吃力，等得不耐烦。一句话，就是快慢要得体。

2. 朗读速度的取决因素

朗读的速度，主要取决于以下因素：

（1）取决于内容和情节。从结构上来说，朗诵中一般既有快速，又有中速、慢速，有张有弛，起伏跌宕。从内容和情节来看，陈述速度慢于抒情速度，抒情速度慢于议论速度；情调低沉的叙述、人物对话应该慢些；急切的呼吁、愤怒的谴责、热烈的争辩、激昂的陈述、紧张的场景描述应该快些。内容和情节本身的客观要求，是决定表达速度的最主要依据。

（2）取决于表达者的年龄。显然，朗诵同样的内容，少年儿童快于青年人，青年人快于中年人，中年人快于老年人。

（3）取决于听众的年龄和接受能力。一般来说，对于老年人和少年儿童或接受能力相对较低的听众，或听众普遍对某些内容感兴趣，不少人都想将其记录下来的时候，应该把表达的速度放慢些。

快与慢都是相对的。无论是快还是慢，都需要表述得清晰明了，听众听得真切明白为基本出发点，要做到快而不乱，慢而不拖，快中有慢，慢中有快，快慢相间。

（四）变换节奏的技巧

节奏与速度有密切的联系，但又不是等同的。节奏不单是一个速度问题。节奏是一种有秩序的、有规律的、协调的变化进程。

在朗读过程中，节奏的要素大体有以下这些：结构的疏与密，内容的详与略，情节的起与伏，情感的激与缓，声调的抑与扬，音量的大与小，态势的动与静，速度的快与慢，语流的行与止，过程的长与短等。这些要素的综合运用，便会形成节奏，形成有声语言的乐章，激荡听众的情感，启迪听众的思维，引发听众的共鸣，鼓舞听众，感召听众。这些要素有的前面已经讲过了，这里着重介绍一下语流的行止技巧。

最基本的行止知识，是标点知识。根据标点符号、段落等区分停顿间隙的长与短。但语流的行止，远不止这些。停顿，既可以用来换气，又可以用来表示意义的区分、转折、呼应，还可以传达引起听众注意的信息；相反，当表述某种连贯的情节、境况，或当表达者感情奔放，如行云流水，不可遏制之时，则需要一气呵成，需要语句的连续不断，以下着重介绍一下停顿的知识。

停顿，就是指句子当中，句子之间，段落之间的间歇。常见、常用的停顿有以下几种：

1. 换气停顿

人的正常呼吸大约是 4~5 秒钟一次，由于换气的需要，在表达过程中必然要有停顿，这种停顿即换气停顿。特别是有些长句，中间没有也不应有标点符号，而一口气却无法说完，必须酌情进行换气停顿。比如这样的长句：

"饮水思源，我们怎能不万分感激‖和无限缅怀伟大领袖毛主席‖和敬爱的周总理呢！"

"我祝愿全国的青少年‖从小立志献身于‖伟大的共产主义事业……"

标有"‖"符号的地方是指需要换气停顿的地方。事实上，这里的停顿，还不仅是为了换气，而且是为了加强语言的清晰度和表现力。倘若将上述的两个长句不停顿地勉强一口气念完，既难做到清晰，又不可能有多大表现力，既平淡，也勉强。

换气停顿要恰当，必须服从内容和思想感情表达的需要，尽管换气停顿的具体方法每个人不尽相同，但是，却不能随心所欲，想在哪里停顿就在哪里停顿。比如：上例第一句如果按下述方法换气停顿，变成："饮水‖思源，我们怎能‖不万分感激和无限缅怀伟大领袖‖毛主席和敬爱的‖周总理呢！"那就不能恰当地表达思想感情了，甚至会引人发笑，显得有些滑稽了。

并且，有些句子如果在不同的地方停顿，意义不同，甚至会完全相反。比如："他望着我笑了起来"，若在"我"后面停顿，是指他笑了起来；若在"望着"后面停顿，是指我笑了起来。

2. 语法停顿

语法停顿是根据句子的语法结构所作的停顿。这种停顿，一般根据标点符号进行时间长短不一的停顿，凡有标点符号的地方都应有适当的停顿，停顿时间大体是：句号>分号>冒号>逗号>顿号。至于省略号、破折号、感叹号、问号等，要根据其使用的地方和表情达意的具体情况来确定停顿时间的长短。

3. 逻辑停顿

逻辑停顿，是指在朗诵过程中，有时为了表达某种感情，强调某一观点或概念，突出某一事物或现象，在句中没有标点符号的地方作适当的停顿。

遵义会议‖纠正了|在第五次反"围剿"斗争中所犯的"左"倾机会主义性质的严重的原则错误，团结了|党和红军，使得|党中央和红军主力胜利地完成了长征，转到了|抗日的前沿阵地，执行了抗日民族统一战线的新政策。

"遵义会议"之后没有标点符号，但是为了突出"遵义会议"的地位，强调"遵义会议"在我党历史上的伟大意义，就应有一个停顿，而且比下面的其他逻辑停顿的时间要长一些。"纠正了"、"团结了"、"使得"、"转到了"、"执行了"这些词语后面也没有标点，但为凸显出"遵义会议"的伟大历史意义，应该停顿，句中划"‖"和"|"的都表示逻辑停顿。

这种逻辑停顿，虽然随着所强调的和突出的内容不同，停顿的地方可以有所不同，但是，它仍然要受语法停顿的制约。一般是在主语和谓语之间，动词和较长的宾语之间，较长的附加成分与中心词之间，较长的联合成分之间作逻辑停顿。

4．心理停顿

心理停顿又称感情停顿，它没有固定的模式，既可以在句子开头停顿，也可以在句子中间或结尾停顿。前几种停顿，停顿的时间都较短，通常最长都只能是几秒钟。而心理停顿，可短亦可长，短则几秒，长则几十秒，甚至几分钟，由表达者根据所表达的内容或情感的需要，自行设计和掌握，运用得好，可以产生很强的艺术效果。

心理停顿主要用于以下场合：

（1）论理之后拟举例说明，需作停顿，举例结束亦可作停顿。前者是为了引起听众注意你的"转折"之举，后者是为了让听众引发联想，举一反三，触类旁通。

（2）设问之后回答之前需作停顿。如前所说，有些设问是不作答的，而有些设问是自问自答的，在设问后，自答前，应作停顿，既可使听众产生悬念，还可为后面的出人意料的巧妙回答作出铺垫。

（3）感叹或感叹之余需作停顿。感叹之余，紧接着运用心理停顿，以加深听众的印象，引起听众的共鸣。

（4）话题转移或告一段落之际需作停顿。这是为了让听众将已讲完的话题暂时搁下，作好迎接新话题、新内容的心理准备。

（五）把握语调的技巧

语调，是语音、语气、速度、节奏的和谐统一，它好比乐曲的旋律一样，体现出语言的完美性。

由于语调的变化主要反映在速度、节奏、重音、升降这四个要素上，其中重音及升降尚未论及，下面对关系语调变化的这两个要素的运用技巧作些介绍。

1. 重音技巧

这里所说的重音，是指根据表情达意的需要，有意加重音量与力度的某个或某些词。人们说话时，往往把主要的意思加重语气来表达，以引起听众的注意。重读的部分就是一句话里的中心和主体。

汉语中的重音有词语重音、语句重音以及逻辑重音等。

词语重音是比较固定的、有规律的。就读音轻重程度可分为重、中、轻三个等级。两个字的词语有"重轻"格式，如"招呼"、"玻璃"、"合同"、"官司"等，还有"中重"格式，如"改革"、"红旗"、"人民"等；三个字的词语中有"中轻重"格式，如"北京站"、"辅导员"、"文化宫"、"国务院"等；还有"中重轻"格式，如"照镜子"、"同志们"；四个字的词语，其基本格式是"中轻中重"，如"自力更生"、"天经地义"、"刻苦钻研"等。

语句重音，常用的是语法重音。它是指句子中不同的语法成分读音轻重不一，其中有的句子成分要读得重些。比如，谓语一般要比主语读得重些，举例来说："同志们辛苦了！"中的"辛苦"；"中华人民共和国成立了！"中的"成立"；"让我们一起干一杯！"中的"干"等。

此外还有逻辑重音，又称作强调重音，是根据说话的目的和重点，有意将某些词或词组读的重些。如"香港一定会回归祖国"中的"回归"；"我自豪，我是一个军人的妻子"中的"军人"。同一句话，重音不同，意思也就有所不同。比如，"我请你喝茅台酒"，如果重音是"你"，那是强调请客的对象；如果重音是"茅台酒"，则强调的是喝的东西；如果重音是"我"，那是强调请客的主人。

重音的处理关键在在于选择好重音词，一般是选在朗诵者着意强调，以示区别之处。

应当注意的是，重音切记过多，一是过多显示不了孰轻孰重，二是会造成朗读者与听众双方的疲劳。

2. 升降技巧

语调的升降，是指语调的高低抑扬变化。同一语句，往往因为语调升降处理不一样，而能表达出多种多样的意思。例如：

这事少了你不行！↘（降调，态度恳切、真诚）

这事少了你不行？↗（升调，反诘语气、态度迁缓）

这事少了你不行？↘（曲调，讽刺挖苦语气）

由此可以看出，语调的升降变化，在句末较为明显。

语调可分为四种：高升调、降抑调、平直调和曲折调。

（1）高升调：句子的语势由低到高。一般表示惊讶、疑问、反诘、呼唤、号召等。如：

近来你的学习成绩怎么下降了！

全世界无产阶级联合起来！

（2）降抑调：句子的语势由高到低。一般表示肯定、感叹、恳求、自信、祝愿等。如：

我们的理想一定能实现。

请你帮我解决这个问题吧。

（3）平直调：整个句子语势平稳舒展，没有明显的高低变化。一般用于陈述、说明、解释，表示严肃、庄重、平静、冷漠、悼念等。如：

我们面临着严峻的考验。

毛泽东永远活在我们心中。

（4）曲折调：句子的语势曲折变化，有起有伏。一般用来表示夸张、讽刺、幽默等。如：

她太可爱了，连哭鼻子的样子也招人喜欢。

好个国民党的友邦人士！是些什么东西！

【朗读练习】

（一）诗　词

元　日

王安石

爆竹声中一岁除，

春风送暖入屠苏。

千门万户曈曈日，

总把新桃换旧符。

水调歌头

苏　轼

明月几时有？把酒问青天。不知天上宫阙，今夕是何年？

我欲乘风归去，又恐琼楼玉宇，高处不胜寒。

起舞弄清影，何似在人间？

转朱阁，低绮户，照无眠。

不应有恨，何事长向别时圆？

人有悲欢离合，月有阴晴圆缺，此事古难全。

但愿人长久，千里共婵娟。

（二）文　章

最美的眼神

马　德

一所重点中学百年校庆时，恰逢德高望重的老教师雒（luò，音同洛）老80寿辰。雒老师一生极富传奇色彩，他所教过的学生，许多已经成为蜚声海内外的教授、学者以及活跃在时代前沿的 IT 精英。是什么原因使雒老师桃李满天下呢？学校决定在百年校庆之际，把这个谜底揭开。

于是，学校给雒老教过的学生发出一份问卷，其中最重要的一条是，雒老师的哪些方面最让他们满意。五花八门的答案很快反馈了回来，有人认为是他渊博的学识，有人认为是他风趣的谈吐，有人认为是他循循善诱的教学方式，有人认为是他兢兢业业的工作作风，有的学生说喜欢他营造的课堂氛围，有的学生干脆说雒老师的翩翩风度是他们最满意的。然而，学校对这些答案并不满意。在学校看来，这些闪光之处，也可能是其他老师所具有的，并没有代表性。仓促之中，学校在众多的学生中，选出 100 位最有成就的人。学校认为这 100 位学生的成功,肯定或多或少受到了雏老师的影响。为了得出较为一致的答案，这次的问题很简单：你认为，雏老师的哪一方面对你的人生影响最大？

答案很快就以传真、电话、电子邮件的形式反馈了回来。出乎预料的是，这次的答案居然惊人的一致。几乎所有的学生认为，雏老师给他们人生影响最大的，是他的眼神。

这下轮到组织者为难了，本来他们打算通过这种问卷的形式，揭秘雏老师，同时把得到的答案，作为学校的"传家宝"流传下去。然而"眼神"这个答案非但没能起到揭秘的效果，反而使事情更加扑朔迷离了。

百年校庆的日子很快到来了。庆祝大会隆重地举行，校长讲完话后，便是各界名流的致辞。一位知名的教授上台，先向端坐在中央的雏老师深深地鞠了一躬，然后说："今天我有幸能站在这里，与大家共聚一堂，首先得感谢雏老师。我刚上这所中学的时候，成绩非常差，说实话，那时我已经丧失了信心和勇气。正是雏老师，把我从困难中拯救了出来。此前母校做了一次问卷调查，问雏老师对我们影响最大的是什么，我的回答就是他那会说话的眼神。是的，那时候，同学看不起我，父母对我也失去了信心，然而雏老师的眼神中流动着鼓励和肯定，像一股股暖流，温暖着我自卑和沮丧的心。我就是从他的眼神中得到前进的信心和力量，一步一步走到现在的……"另一位学者致辞的时候，笑着说："上中学的时候，我最讨厌老师的偏袒，比如偏袒成绩好的，偏袒女生，因为讨厌老师，导致我很厌学。雏老师公正无私的心底，像一方晴朗的天空——清澈、洁净、透明，从他的眼神中流露出来的是一种公正的力量，使我的心也变得晴朗起来……"

后来上台的学生中，大凡雏老师教过的，无一例外地谈到了雏老师的眼神。有的认为，雏老师的眼神在严肃中传递着爱意；有人认为雏老师的眼神在安静中透着温和；有的同学认为雏老师的眼神中蕴满父亲般的慈祥；有的同学认为雏老师的眼神就是一条汩汩流淌的河流，在不断地荡涤着人的心灵……

　　事实上，大会开到这里已经非常成功了。没有想到的是，就在最后，有一位50多岁的教师在事先没被邀请的情况下，走上了大会的主席台。他说："我也是雒老师的一名学生，而且在一所中学也教了二十几年的书。我一直有一个心愿，就是想让自己也像雒老师一样，把最美的眼神传递给学生。开始的时候，我总不能做好，后来我渐渐发现，能够传递这样美的眼神的人，需要的并不多，那就是你必须有一个满浸着人间大爱的灵魂。这样的一个人，才会生长出最人性的枝蔓，才会漫溢出爱的芳香。"

　　他讲完之后，台下顿时响起了潮水般的掌声。在对人的影响上，爱的浇灌和人性的感召，永远胜于其他形式。那一天，学校得到了他们最想要的答案。

　　　　　　　　　　　　　　（资料出处：《读者》2003年11月）

第十章　口语表达

一、口语的定义和特点

（一）口语的定义

口语是指用语音表达的、以说和听为形式的、与书面语言表达相对应的一种语言表达方式。口语往往通过口说耳听，借助于声音和各种辅助手段表情达意。口语是联系社会的纽带，是社会知识信息的载体。社会交往中，人们在一定程度上是通过口语建立密切联系，传递知识，播撒信息，从而推动社会的发展和人类的进步。

（二）口语的特点

1. 易逝性

口语是通过声波传播的，而声波瞬间即逝，这就使得口语不能像书面语那样，可以反复阅读、揣摩、回味。心理试验表明，一般人听连续的语流，精确地留在记忆里的时间大约不超过七八秒钟；超过七八秒钟，听话者的记忆就模糊不清，残缺不全了。

2. 同步性

这是指外部语言表达的口语与内部语言思维是同步进行的。一般来说，人们心里所想到的才能表达出来，每个人说话都会受到大脑的支配，口语只是将这种思维外化了。

3. 自然性

口语相对于书面语来说，显得通俗、自然、平易，它保留了生活中许多语音、词汇及语法现象，如使用方言、俗语、俚语，使用儿化、象声词、语气词，使用省略、倒装等变式句，使用短句、散句等，有时还使用体态语辅助表达。

4. 临场性

口语在很多情况下不是事先准备好的，而是现场的即兴发挥。因此，很多话会来不及仔细思考就要表达出来，有时难免不完整、不严谨，需要及时更改、补充，运用一些重复、补充、插入语，有时甚至会使用"嗯"、"啊"等口头词填补表达空白。

5. 综合性

口语表达是一个从生活到思维，再由思维外化成口语的双重转化过程。在这个转化过程中，首先综合体现了表达者的知识、能力和素养等方面因素。不同表达者由于经历不同，所受教育不同，体现出的生活体验、文化素质、道德水准也会有所不同，他们说出的话是这些因素的综合反映。因此，口语是一个人内在素质的综合体现。其次，说话要综合运用语音、语调、眼神、表情等因素。如果语调没有变化，语言是枯燥的；如果表情没有变化，语言是僵硬的；如果没有一点儿态势语的辅助，语言是不生动的。所以口语表达需要调动知识素养、生活积累以及身体的各个器官。

二、口语表达的基本要求

1. 语音清晰响亮

由于口语表达是通过语音来传递信息的，语音又具有易逝性，这就要求说话人发音吐字要清晰，发标准音，说普通话，声音要有一定的响度；否则，会给交流带来困难。清晰、响亮是口语表达的基本原则。

2. 表达流畅简洁

不论在日常生活或正式报告中，有些人喜欢用"这个"、"这个"或"那个"、"那个"或"那……那……"在句子中加入太多的连接词或语助词，往往使句子的流畅性减低。

3. 表意清楚突出

表意清楚是指条理清晰，先说什么，后说什么，要有层次。虽然口语表达不像书面语那样要求条分缕析，有严密的逻辑，但也不能没有头绪，漫无边际。表达的中心要突出，表达的重点、目的是什么要让听话人一目了然，不能东一句，西一句，啰里啰嗦，语无伦次，使人不得要领，抓不住中心。

4. 注意文明礼貌

文明礼貌是表达者具有较高素质、修养的具体表现。口语表达要文明得体，使用文明语言，遵守礼貌原则，做到谦恭、平和、文雅。用诚恳、虚心、恭敬的语言与人交流，胸怀坦荡，尊重他人的人格、尊严和隐私，不把自己的观点强加于人；说话态度温和，语气委婉，做到平易近人、和蔼可亲；语言纯洁、健康、高雅，不粗野、不鄙俗、不恶语伤人。

三、口语表达的基本技巧

（一）提高素养

口才的好坏与说话的技巧有关，但更与自己掌握知识的多少有密切关系。"腹有诗书气自华"这句话正是这个意思。肚子里没有多少知识的人，说出来的话就没有多少说服力，又怎么能让别人信服呢？当年诸葛亮在隆中苦读27载，一出山后便有"舌战群儒"之功，恐怕当年的诸葛亮并不曾专门去学习过如何辩论，所依靠的是他数十年的苦读。

那么，想要拥有好的口才，应该让自己具备哪些知识呢？主要可以从以下几个方面多下工夫。

1. 好学上进，加强知识积累

渊博的知识是睿智的体现，而渊博的知识、睿智的头脑则来源于平时一点一滴的学习和积累。"万丈高楼平地起"、"不积跬步，无以至千里"等俗语，说的就是这个道理。一个人要想真正提高自己的演讲与口才能力，就必须尽可能做到"读万卷书，识万般理"，平时养成多读书看报的习惯。没有人天生才高八斗，学富五车，而博闻强记的背后是艰辛的汗水。

2. 关注生活，加强生活积累

有些人在和人谈话时，为什么别人都不大爱听呢？关键就是缺乏生活的积累，说的是不着边际的话，这样是很难打动人心的。所以，要想有好口才，多加强生活积累显然也很重要。加强生活积累关键是要走出去，积极面对生活，感受生活，尝试生活中的甜酸苦辣，用眼睛欣赏生活的色彩，用耳朵聆听生活的声音，用心灵感受生活的脉搏。因为，毕竟"生活不是缺少美，而是缺少发现美的眼睛"。

3. 紧跟时尚，把握时代脉搏

现在的社会进步很快，只有紧紧跟上时代的步伐，说出的话才能够吸引别人。如果你用20世纪的口气和词语与现代的人来交流，那就"out"（意"落伍"）了，谁还愿意听你讲话呢？所以，一定要多注意一些时尚的语言，才能够跟上时代的步伐。

写文章讲究"读书破万卷，下笔如有神"。说话其实和写文章是同一个道理，只有自己看的东西多了，才能够说出有水平、有见解、有说服力的话，才能够打动人心。

（二）善于倾听

古希腊有一句民谚说："聪明的人，借助经验说话；而更聪明的人，根据经验不说话。"西方还有一句著名的话叫："雄辩是银，倾听是金。"这些都给了我们这样的建议：在个别交往中，尽可能少说而多听。

最高效的倾听技巧包括：

（1）让对方感觉到你是在用心地听；

（2）让对方感觉到你的态度很诚恳；

（3）在倾听时记笔记，效果会更好；

（4）重新确认，减少误会及误差；

（5）切记：不到万不得已，千万不要打断对方讲话；

（6）对方停止说话时，再停顿 3～5 秒；

（7）不明白的地方见机追问；

（8）倾听时，不要组织语言；

（9）倾听过程中，点头微笑；

（10）不要发出声音；

（11）眼睛要注视对方鼻尖或前额；

（12）坐定好位置。尽量避免与对方面对面而坐，坐在对方对面容易让对方有一种对立的感觉；不要让对方面对门或者窗而坐，这样的位置易让对方分心，最好让对方面壁，这样容易让对方安心听讲，免受干扰。

（三）态度诚恳

人是感情的动物，在做事情时，往往是由感性来支配理性的。因此，我们很有必要在与别人交谈时，表露出我们的真诚，以达到相互信任的效果。现代社会，无论做什么事情，我们都希望获得双赢甚至多赢的结果，那么，真诚与关怀他人，必将会对此有着巨大的帮助。

【例10.1】　育才小学校长陶行知在校园看到男生王友用泥块砸自己班上的男生，当即斥止了他，并令他放学时到校长室里去。放学后，陶行知来到校长室，王友已经等在门口准备挨训了。可一见面，陶行知却掏出一块糖果送给他，并说："这是奖给你的，因为你按时来到这里，而我却迟到了。"王友惊疑地接过糖果。随之，陶行知又掏出一块糖果放到他手里，说："这块糖也是奖给你的，因为当我不让你再打人时，你立即就住手了，这说明你很尊重我，我应该奖你。"王友更惊疑了，他眼睛睁得大大的。陶行知又掏出第三块糖果塞到王友手里，说："我调查过了，你用泥块砸那些男生，是因为他们不守游戏规则，欺负女生；你砸他们，说明你很正直善良，有跟坏人作斗争的勇气，应该奖励你啊！"王友感动极了，他流着眼泪后悔地说道："陶校长，你打我两下吧！我错了，我砸的不是坏人，而是自己的同学呀！"陶行知满意地笑了，他随即掏出第四块糖果递过去，说："为你正确地认识错误，我再奖给你一块糖果，可惜我只有这一块糖了，我的糖完了，我看我们的谈话也该完了吧！"说完，就走出了校长室。

（四）声音动听 ·

声音是语言的载体，是我们了解外面世界的媒介，美妙的声音能带给人美的享受。当你处于茫然无助之时，温暖的声音可能会让你顿生雄心，重新站起来，从而使事情有了"柳暗花明又一村"的转机。能说会道的人都需具备声音的魅力。要想使自己的声音具有魅力，就要提高自己的口语发送能力。

1. 口语发送能力的含义

简单地说，口语发送能力就是说话时对语言的速度节奏、声调的高低、声音的轻重大小、语流的顿挫断连的控制和变化能力，它是语言形象的一个重要的组成部分。如果一个人有较好的声音发送能力，不但发音明亮悦耳、字正腔圆，而且还能随着交际的内容、场景、双方的人际关系的不同，有高低抑扬、快慢急缓、强弱轻重、顿挫断连、明暗虚实等多种变化，其声音就具有强烈的音乐旋律感和迷人的艺术魅力。

2. 提高口语发送能力的方法

（1）要发音准确，吐字清楚。读错字或发音不准，会闹出笑话，毫无魅力可言；吐字不清，含含糊糊，使听众感到吃力，也会降低其接受信息的信心。

（2）要注意声调和语调。声调即单个词的调子，语调即贯穿整个句子的调子，两者决定了声音的高低抑扬。语调可分为降调和升调两种基本类型，随着句子的语气和表达者感情的变化，可以变化出多种类型。语调有区别句子语气和意义的作用。如"你干得不错"说成降调，是陈述性句式，带有肯定、鼓励的语气；说成升调，是疑问性句式，带有不信任和讽刺的意味。在谈话时应注意把握语调，以增强吸引听众的魅力。

（3）注意语言的速度节奏。人们说话时，影响速度节奏的主要原因是人们内心情绪的起伏变化。速度节奏的控制和变化一般要通过音调的轻重强弱、吐字的快慢断连、重音的各种对比，以及长短句式、整散句式、紧松句式的不同配合才能实现。人们应掌握这些规律，做到快慢适中，快而不乱，慢而不断，从而增强语言形象的美感。

（五）巧用幽默

幽默是一种人生的智慧，体现着乐观积极的处世方式和豁达的人生态度。幽默是以轻松的微笑来表达某些严肃的概念。幽默是社会活动的必备礼品，是活跃社交场气氛的"最佳调料"。

一天，英国著名的文学家萧伯纳在街上行走，被一个骑自行车的冒失鬼撞倒在地上，幸好没有受伤，只虚惊了一场。骑车的人急忙扶起他，连连道歉，可是萧伯纳却惋惜地说："先生，你的运气真不好，要是把我撞死了，你就可以名扬四海啦！"萧伯纳的这一句妙语，用自己的友爱和宽容，把他和肇事者双方从不愉快的、紧张的窘境中解放出来，使这件事故得到了友好的处理。

【阅读材料】

幽默的六大招数

• 第一招：巧作类比式

一次，作家刘绍棠到某大学讲演时，对于学生提出的各种问题，他都作了坦率的解答。这时，一位女学生递上一张纸条，上面写道："既然文学要真实地反映社会生活，那你为什么总唱赞歌，不唱悲歌呢？难道社会没有阴暗面吗？"读完这一尖锐问题，刘绍棠想了一下，便问那位女生："你喜欢照相吗？"见女生直点头，刘绍棠反问道："你脸上有光滑漂亮的时候，也有长疮疤不干净的时候，你为什么不在脸上生疮疤的时候去照相呢？"这一问，引得周围的人都情不自禁地笑了。

【招数要领】　通常回答有些人的提问时，正面的回答极易落入俗套，难以满足提问者的口味，聪明的回答者会漫不经心地似答非答，引对方入圈套，接着使出巧作类比的招数，占据主动，最后让对方折服。

• 第二招：因势利导式

英国大文豪萧伯纳的剧本《武器与人》首次公演即获得巨大成功。观众们要求萧伯纳上台接受群众的祝贺。当萧伯纳走上舞台，准备向观众致意时，突然有人对他大声喊叫："萧伯纳，你的剧本糟透了，谁要看？收回去，停演吧！"观众们大都以为萧伯纳肯定会气得发抖。哪知道，萧伯纳非但不生气，还笑容满面地向那个人深深地鞠了一躬，很有礼貌地说："我的朋友，你说得很好，我完全同意你的意见。"说着，他转向台下的观众说："遗憾的是，你我两人反对这么多观众能起到什么作用呢？你我能禁止这个剧本演出吗？"萧伯纳话音同刚落，全场就响起了一阵快乐的笑声，紧接着是观众对萧伯纳暴风骤雨般的掌声。那个挑衅者灰溜溜地逃出了剧场。

【招数要领】 在一些论争场合里，应该时刻注意周围群众的情绪，尽量调动群众来支持自己的观点，巧妙地使出"因势利导，诱敌深入"的招数，寻找出一个突破口，借助群众的力量，给对手精神重压，使之无回击之力。

• 第三招：充愣装傻式

美国前总统威尔逊在担任新泽西州州长时，曾接到华盛顿的电话，通知他代表新泽西的议员——他的朋友去世了。威尔逊深为震动，立即取消了自己当天的一切活动。几分钟后，他接到了新泽西州一位政治家的电话，"州长，"那人支支吾吾地说，"我希望代替那位议员的位置。""好吧，"威尔逊慢吞吞地说，"要是殡仪馆同意，我本人完全赞同。"

【招数要领】 装傻充愣是答非所问的一种，即回答别人问题时，利用语言的歧义性和模糊性，故意错解对方的说话，问东答西。这种说话方式在回答对方的问题时，往往都会出奇制胜，产生特别的幽默感。

• 第四招：曲线进攻式

传说，古代有个官员叫彭玉泉。一天，他经过一条偏僻的小巷。一个女子正用竹竿晒衣，不小心把竹竿掉在了彭玉泉的头上，彭立时大怒，该女子一看是官员彭玉泉，吓得魂不附体。不过，她很快镇定下来，正色道："你这副凶相，活像是个行伍出身之人，所以蛮横无理。你可知道官员彭玉泉，清廉正直，要是我告诉他老人家，怕要砍了你的脑袋！"彭玉泉听到这位女子在夸奖自己，马上转怒为喜，心平气和地走了。

【招数要领】 有时与有权有势的人，比如老板或上司等人说话时，需要懂得一点转弯的艺术。要是只会巷里赶猪，直来直去，结果很可能是既得不到赏识，有时候还吃不了兜着走。我们介绍的"曲线进攻式"的对符这种情形的最好招数。

• 第五招：声东击西式

有一对夫妻，妻子非常喜欢唱歌，可是水平特别差，有时候搞得丈夫没法休息，丈夫多次劝说也无济于事。有一次已经深更半夜，妻子还在那里自得其乐地唱着难听的歌，丈夫只好急急忙忙地跑到大门口站着。妻子见此，不解地问道："我每次唱歌时，你干吗总是要跑出去站在门口呢？"丈夫把每个字都吐得非常清楚地说："我这样做是为了让邻居知道，我并没有打你。"

【招数要领】 在有些场合，利用"声东击西"的技巧，把相同意思的话用不同的语言来表达，效果迥异。有时言在此而意在彼，确实令人回味无穷。

• 第六招：另辟蹊径式

齐景公好打猎，喜欢养老鹰来捉兔子。一次，烛邹不慎让一只老鹰飞走了，景公下令把烛邹推出斩首。晏子知道了，去拜见景公，说："烛邹有三大罪状，哪能这么轻易杀了他？请让我一条一条地数落出来，再杀他，可以吗？"齐景公说："可以。"晏子指着烛邹的鼻子说："烛邹！你为大王养鸟，却让鸟逃走了，这是第一条罪状；使得大王为了鸟的缘故又要杀人，这是第二条罪状；把你杀了，天下诸侯都会怪大王重鸟轻士，这是第三条罪状。"齐景公听后，对晏子说："别说了，我知道你的意思。"

【招数要领】 很多人在和别人说理时，会不经意间触动了别人的"自尊"，从而火上浇油。如果我们能运用好"另辟蹊径"这个招数，改变说话的方式，说话效果往往会完全不一样。

（六）看人说话

有句俗话叫做"人上一百，形形色色"。人各有其情，各有其性。言辞表达的内容和方式要因人而异，符合接受对象的脾气性格，才有可能产生"同声相应，同气相求"的效果。 听话对象的不同体现在多个方面，包括民族、地域、性别、年龄、职业、文化、修养、阅历、性格等诸多方面。同样一句话，有的人能够听得懂，也有人干脆听不懂。因此，对说话者来说，要想达到某种表达效果，就必须区分接受对象：

如果见到一个5岁以下的孩子，要和他讨论糖果；

如果见到一个10岁左右的孩子，要和他讨论游戏；

如果见到一个18岁左右的学生，要和他讨论高考；

如果见到一个18岁左右的社会青年，要和他讨论时下什么是最流行的；

如果见到一个20岁以上的男青年，要和他探讨恋爱的技巧；

如果见到一个20岁左右的漂亮女青年，去和她讨论哪部电影最经典，哪里的小吃最出名；

如果见到一个24岁以上的独身女青年，现在有了男朋友的，害怕男朋友是不可以托付终身的那种人；而没有男朋友的，为了找一个好的男朋友绞尽脑汁，所以要巧妙地避开"男人"这个敏感话题，谈谈她的事业，化妆品；

如果见到一个初为人妇的女子，要和她探讨厨艺，她丈夫的事业等；

如果见到一个初为人母的女子，要和她讨论育婴经验，奶粉调制等；

如果见到一个孩子在18岁左右的母亲，就和她谈谈孩子的未来；

如果见到一个50岁左右的中年妇女，就和她谈谈她老公的身体情况；

如果见到一个儿孙满堂的老奶奶，就和她谈谈她的幸福晚年。

这就是看人说话的技巧。这不是圆滑，而是一种做人的艺术。

第十一章　普通话水平测试

一、普通话水平测试的性质、目的、内容和范围

（一）普通话水平测试的性质

普通话水平测试（Putonghua Shuiping Ceshi, PSC）是我国为加快共同语普的进程、提高全社会普通话水平而设置的一种语言口语测试，全部测试内容均以口头方式进行。普通话水平测试不是口才的评定，而是对应试人在运用普通话口语进行表达过程中所表现的语音、词汇、语法规范程度的测查和评定，是应试人的汉语标准语测试。

（二）普通话水平测试的目的

普通话水平测试的目的，一方面是以普通话语音、词汇、语法规范（按普通话水平等级标准一级甲等设定）为参照标准，通过测试评定应试人普通话水平所达到的等级，为逐步实行持证上岗制度服务；另一方面，通过普通话水平的测试深入我们国家的推广普通话工作，促进汉语规范，从而提高全体人民的语言素质。

（三）普通话水平测试的内容和范围

普通话水平测试的内容包括普通话语音、词汇和语法。

普通话水平测试的范围是国家测试机构编制的《普通话水平测试用普通话词语表》、《普通话水平测试用普通话与方言词语对照表》、《普通话水平测试用普通话与方言常见语法差异对照表》、《普通话水平测试用朗读作品》、《普通话水平测试用话题》。

二、普通话水平测试等级标准

国家语言文字工作部门发布的《普通话水平测试等级标准》是确定应试人普通话水平等级的依据。测试机构根据应试人的测试成绩确定其普通话水平等级，由省、自治区、直辖市以上语言文字工作部门颁发相应的普通话水平测试等级证书。

普通话水平划分为三个级别，每个级别内划分两个等次。其中：

97 分及其以上，为一级甲等；

92 分及其以上但不足 97 分，为一级乙等；

87 分及其以上但不足 92 分，为二级甲等；

80 分及其以上但不足 87 分，为二级乙等；

70 分及其以上但不足 80 分，为三级甲等；

60 分及其以上但不足 70 分，为三级乙等。

普通话水平测试等级标准如下：

一级

甲等 朗读和自由交谈时，语音标准，语汇、语法正确无误，语调自然，表达流畅。测试总失分率在 3% 以内。

乙等 朗读和自由交谈时，语音标准，语汇、语法正确无误，语调自然，表达流畅。偶有字音、字调失误。测试总失分率在 8% 以内。

二级

甲等 朗读和自由交谈时，声、韵、调发音基本标准，语调自然，表达流畅。少数难点音（平翘舌音、前后鼻尾音、边鼻音等）有时出现失误。语汇、语法极少有误。测试总失分率在13%以内。

乙等　朗读和自由交谈时，个别调值不准，声韵母发音有不到位现象。难点音较多（平翘舌音、前后鼻尾音、边鼻音、fu-hu、z-zh-j、送气不送气、i-ü不分、保留浊塞音或浊塞擦音、丢介音、复韵母单音化等），失误较多。方言语调不明显，有使用方言词、方言语法的情况。测试总失分率在20%以内。

三级

甲等　朗读和自由交谈时，声韵母发音失误较多，难点音超出常见范围，声调调值多不准。方言语调明显。语汇、语法有失误。测试总失分率在30%以内。

乙等　朗读和自由交谈时，声韵调发音失误多，方音特征突出。方言语调明显。语汇、语法失误较多。外地人听其谈话有听不懂的情况。测试总失分率在40%以内。

三、普通话水平测试的对象及其要求

（一）普通话水平测试的对象

根据国家颁布的《普通话水平测试实施办法》规定，应接受普通话水平测试的人员为：

（1）教师和申请教师资格的人员；

（2）广播电台、电视台的播音员、节目主持人；

（3）影视话剧演员；

（4）国家机关工作人员；

（5）师范类专业、播音与主持艺术专业，影视话剧表演专业以及其他与口语表达密切相关专业的学生；

（6）行业主管部门规定的其他应该接受测试的人员；

（7）社会其他人员可自愿申请接受测试。

（二）普通话水平测试对象的等级要求

现阶段对一些岗位和专业人员的普通话等级要求为：

（1）国家级和省级电台电视台的播音员、节目主持人应达到一级甲等，其他电台电视台的播音员、节目主持人不低于一级乙等；

（2）一般教师不低于二级乙等，语文教师和对外汉语教学教师不低于二级甲等，普通话教师和语音教师不低于一级乙等；

（3）国家公务员不低于三级甲等；

（4）电影、话剧、广播剧、电视剧等表演、配音人员，播音、主持人专业和电影、话剧表演专业的教师和毕业生，普通话水平必须达到一级；

（5）其他应当接受普通话水平测试的人员如律师、医护人员、导游员、讲解员、公共服务行业的营业员等，其达标等级可根据不同的地区、不同行业特点由省级语言文字工作委员会确定。

四、普通话水平测试试卷构成和评分标准

普通话水平测试试卷依照《普通话水平测试大纲》编制，通常为 4 个组成部分，满分为 100 分。

（一）读单音节字词 100 个（不含轻声、儿化音节），限时 3.5 分钟，共 10 分

1. 目　　的

检测应试人在声母、韵母、声调读音方面的标准程度。

2. 要　　求

（1）100 个音节中，70%选自《普通话水平测试用普通话词语表》

"表一"，30%选自"表二"。

（2）100个音节中，每个声母出现次数一般不少于3次，方言里缺少的或容易混淆的酌量增加1~2次；每个韵母出现次数一般不少于2次；4个声调出现次数大致均衡。

（3）音节的排列要避免同一测试要素连续出现。

3．评 分

（1）语音错误，每个音节扣0.1分。

（2）语音缺陷，每个音节扣0.05分。

（3）超时1分钟以内，扣0.5分；超时1分钟以上（含1分钟），扣1分。

（二）读多音节词语100个，限时2.5分钟，共20分

1．目 的

检测应试人在声母、韵母、声调和变调、轻声、儿化读音方面的标准程度。

2．要 求

（1）词语的70%选自《普通话水平测试用普通话词语表》"表一"，30%选自"表二"。

（2）声母、韵母、声调出现的次数与读单音节字词的要求相同。

（3）上声与上声相连的词语不少于3个，上声与非上声相连的词语不少于4个，轻声不少于3个，儿化不少于4个（应为不同的儿化韵母）。

（4）词语的排列要避免同一测试要素连续出现。

3．评 分

（1）语音错误，每个音节扣0.2分。

（2）语音缺陷，每个音节扣 0.1 分。

（3）超时 1 分钟以内，扣 0.5 分；超时 1 分钟以上（含 1 分钟），扣 1 分。

（三）朗读短文（1 篇，400 个音节），限时 4 分钟，共 30 分

1. 目　的

检测应试人使用普通话朗读书面材料的水平。在检测声母、韵母、声调读音标准程度的同时，重点考察语音、连读音变（上声，"一"、"不"变调）、停连、语调以及流畅程度。

2. 要　求

（1）短文从《普通话水平测试用朗读作品》中选取。

（2）评分以朗读作品的前 400 个音节（不含标点符号和括注的音节）为限。

3. 评　分

（1）每错 1 个音节（含错度、漏读和增读）扣 0.1 分。

（2）声母或韵母的系统性语音缺陷，视程度扣 0.5 分、1 分。

（3）语调偏误，视程度扣 0.5 分、1 分、2 分。

（4）停连不当，视程度扣 0.5 分、1 分、2 分。

（5）朗读不流畅（含回读），视程度扣 0.5 分、1 分、2 分。

（6）超时，30 秒以上（含 30 秒）扣 1 分。

（四）命题说话，限时 3 分钟，共 40 分

1. 目　的

检测应试人在无文字凭借的情况下说普通话的水平，重点考察

语音标准程度、词汇语法规范程度和自然流畅程度。

2．要　求

（1）说话话题从《普通话水平测试用话题》中选取，由应试人从给定的两个话题中选定 1 个话题，连续说一段话。

（2）应试人根据抽签确定的话题进行单向说话。如发现应试人有明显背稿、离题、说话难以继续等表现时，测试员应及时提示或引导。

3．评　分

（1）语音标准程度，共 25 分。分六档：

一档：语音标准，或极少有失误，扣 0 分、1 分、2 分。

二档：语音错误在 10 次以下，有方音但不明显，扣 3 分、4 分。

三档：语音错误在 10 次以下，但方音比较明显，或语音错误在 10 次～15 次之间，有方音但不明显，扣 5 分、6 分。

四档：语音错误在 10 次～15 次之间，方音比较明显，扣 7 分、8 分。

五档：语音错误超过 15 次，方音明显，扣 9 分、10 分、11 分。

六档：语音错误多，方音重，扣 12 分、13 分、14 分。

（2）词汇语法规范程度，共 10 分。分三档：

一档：词汇、语法规范，扣 0 分。

二档：词汇、语法偶有不规范的情况，扣 1 分、2 分。

三档：词汇、语法屡有不规范的情况，扣 3 分、4 分。

（3）自然流畅程度，共 5 分。分三档：

一档：语言自然流畅，扣 0 分。

二档：语言基本流畅，口语化较差，有背稿子的表现，扣 0.5 分、1 分。

三档：语言不连贯，语调生硬，扣 2 分、3 分。

说话不足 3 分钟，酌情扣分：缺时 1 分钟以内（含 1 分钟），扣 1 分、2 分、3 分；缺时 1 分钟以上，扣 4 分、5 分、6 分；说话不满 30 秒（含 30 秒），本测试项成绩计为 0 分。

五、普通话水平测试程序

应试者根据自己的职业或身份情况到相应的机构或普通话水平测试中心报考相应的等级。经核准后，应试者在规定的日期内，凭本人的准考证和身份证进入指定的考场，并按指定试卷上的内容进行测试。每个考场有 2 ~ 3 位测试员负责对应试者的普通话水平进行判定。总时间在 15 分钟左右。

首先抽签"朗读作品"和"说话题目"，约有 10 分钟的准备时间，进入考场后首先报自己的单位、姓名，然后按照 4 项内容先后进行测试：100 个单音节字词、50 个多音节词语、作品朗读、命题说话。测试全程录音，测试完成后方可离开测试现场，一般在一周左右可进行成绩查询，并在一月内得到相应的普通话水平等级证书。

六、应试者的紧张心理及调节

（一）应试者紧张心理的表现

普通话水平测试中的紧张心理主要表现为测前准备和测试过程中两个阶段。在测试前，有的应试者担心考不好，整天忧心忡忡，坐卧不安，临近测试时又对测试内容没有充分把握的情况下，紧张心理就越加突出。在测试过程中，由于采用口语方式，直面 2 ~ 3 名测试员，还要进行现场计时、录音等，考场气氛严肃。一些应试者见此情形，手足无措，头脑空白。如果心理素质好的，在经短暂紧张后，可以及时调整，迅速进入正常的应试状态。但心理素质差者，则会越考越怕，越考越紧张，严重的会出现心跳加快，呼吸急促，声音发颤，甚至晕场等现象。

由于过度紧张，有应试者连自己的姓名都要报错，念题干出错更是常有的事，如将"单音节字词 100 个"念成"读单节词字音 100 个"。在测试中，各种失误更是频繁出现，有的应试者把"鸡"读成了"鸟"，把"播"读成了"番"，把"打鸣儿"读成了"打鸟儿"，把"缓和"读成了"暖和"，把"明天"读成了"天明"等。有的平时还注意平翘舌，到考场一紧张就全乱套了。明明很简单的字，突然变得不认识起来。读课文时，因紧张而添字、漏字、错读、倒读更是司空见惯。有的应试者紧张得念课文结结巴巴，声音迟缓，何处该停、何处断，何处该连，全部乱套。有的应试者紧张得恨不得把课文一口气念完。说话时的紧张情形更是五花八门，有的不敢正视考官，不停地翻白眼，或不停地搓手，有的说了几句或说到一半时就再也讲不下去了，有的干脆直接转换为方言，语法和语义的逻辑混乱更是常有的事，如把"我小的时候妈妈常告诉我"说成"我妈妈小的时候我常常告诉她"等令人忍不住发笑。诸如此类不胜枚举。

（二）应试者紧张心理产生的原因

心理学研究发现，紧张心理具有双重性。从积极的一面看，它是应试者对待测试的态度认真、动机强的体现，轻度的紧张和适度的焦虑感不仅有功无过，而且是一种相当宝贵的动力，有利于调动应试者潜能；从消极的一面看，重度的紧张和严重的焦虑感会妨碍应试者水平的正常发挥。我们在这里着重分析的是给应试者带来不良影响的重度心理紧张的产生原因。

1. 心理素质差或身体健康状况不良

一般说来，神经类型强而稳定者（心理学上称之为黏液质），在测试情境中，可能情绪反应较弱；而某些神经类型强而不稳定的人（即胆汁质），在同样的测试情境作用下，则容易出现心理不平衡和强烈的情绪反应；神经类型弱而不稳定者（即抑郁质），往往表现出心理的脆弱性，对刺激敏感性高，面对测试老师不好意思，不敢放松，这类应试者在测试过程中稍遇挫折就加倍紧张且不易消退。另外身体虚弱、健康状况不佳者因为心境恶劣、萎靡不振，面对测试也很容易引起情绪波动，产生忧虑与不安等强烈的焦虑心理。

2. 认知偏差

应试情境是否能引起应试者的紧张情绪以及引起的焦虑程度如何，同应试者的认知评价有着紧密的联系。应试者对本次测试的性质及其利害关系的预测以及对自身应付能力的评价不当，易导致应试焦虑。有的应试者之所以没有把注意力全身心地投入到冷静应试中去，是因为过多地贪求功利和虚荣，把测试的结果看得太重，这反而使自己背上了沉重的包袱，在测试中造成高度的神经紧张。

3. 知识准备和技能训练不足

有些应试者平时不用功，对测试抱有侥幸的心理，只在测试前的几天临阵磨枪，岂不知对于讲普通话来说，光靠三五天的突击是很难提高的。因为知识准备的不足，有人在读第一项单音节时，一遇到"槛、癣、荫、蓊、蕹"就傻眼了。其实这些字词都是测试中常见的，由此看来他们连模拟试卷中的内容也没认真去看过，遇到生字就瞎蒙或跳过去，表面不在乎，心理却难免发慌，甚至冒冷汗。

（三）应试者克服紧张心理的方法措施

1. 认知矫正法

要消除或削弱普通话水平测试中的紧张心理和焦虑情绪，首先必须重新认识引起紧张焦虑的担忧和想法。因为这些担忧和想法往往具有隐蔽的自我暗示性和很强的威胁性，从而严重地干扰了应试者正常水平的发挥。那些把测试结果看得很重的人，不妨重新审视自己普通话的真实水平，客观地分析一下自身的优缺点，告诉自己：不贪心不慌，只要努力了，就无怨无悔。然后以一种"平常心"去面对测试。这样做，反而有益于状态的调整，也有益于水平的发挥。

2.行为矫正法

战胜心理紧张最常用的行为矫正法就是进行放松练习。它是一种简便易行的身心放松程序，其主要原理是通过对肌肉的系统放松达到放松心理的目的。一般程序是：运用言语进行自我暗示，循序地从脚趾肌肉、大腿肌肉、臀部肌肉、腹部肌肉、胸部肌肉、背部肌肉、肩部肌肉、颈部肌肉，一直到头部肌肉交替地进行收缩和放松，每收缩一个肌肉群都要保持 20～50 秒，同时仔细体会自己肌肉的松紧程度。采用的暗示言语有："深深吸一口气，保持一会，再保持一会。""好，慢慢地把气呼出来。""握紧拳头，用力握紧，注意手的紧张感。"等等。这种放松练习完全是自我控制的，可以随时终止或继续下去。应试者在测试前操作这种放松练习，可以消除身体的不适反应，有意识地调整好心理状态，以饱满的精神坦然去迎接挑战。

3.应试策略

（1）测试前的心理调试

按照普通话水平测试常规安排，每一位应试者进场抽题后都约有 10 分钟的准备时间。很多人一进考场便乱了方寸，或形同复读机似地只顾跟读前一位应试者的一、二项，或坐以待毙地熬时间，或徘徊于两个说话题之间。其实一、二项占总分的 30%，且多选自常用字词，不认识的毕竟很少，与模拟题相差不大。三、四项占 70%，应将重点放在这两项上。迅速浏览朗读内容时，应着重注意平时易读错、读破的地方。对于占比分最大的第四项，要果断选定自己熟悉且构思过的说话题，一旦确定就耐心准备下去，切不可犹豫不决或半途而废，那样只会使自己思绪混乱、平添烦躁心情。抽题后的测前准备，不是临时抱佛脚，而是赛前必不可少的热身运动。在理清了思路后，还可以做做深呼吸用以调整一下心理状态；在冷静、从容地走向考桌时，提醒自己别忘了自报家门，说好第一句话，为测试开个好头。

（2）测试中的心理控制

在刚开始测试时，如果感觉到有些激动，不要慌，这属于正常现象。正如前文分析过的，轻度的紧张有利于提高警惕性、迅速调动心智，把注意力集中于测试内容上。也有人开始比较平静，在进行了第一、二项之后，情绪随之兴奋起来，这正是有利于朗读和说话水平发挥的。但要注意 4 分钟读 400 字是绰绰有余的，所以朗读时要牢记速度放慢，看准再读；否则读得越快，心越慌乱，发音含糊，失分越多。测试说话题时，千万不要背稿，那样得不偿失。普通话水平测试中的说话是即兴表达，要求现想现说，边说边调整语境。那些过分依赖书面原稿的应试者不仅口语化极差，而且稍有紧张就容易卡壳，有的人忘了词，数秒甚至数十秒说不出声音来，大脑一片空白，录音磁带也一片空白，扣分自是情理之中的事。不背稿不等于不做测前准备了，问题在于要准备的不是文章，而是说话的基本素材和主要脉络。有了"言之有物"、"言之有序"方能做到"言之有理"、"言之有情"。要说什么心里有底，而且整体思路清晰，测试时自然也就胆大心细，遇事不慌。

七、普通话水平测试中应注意的一些事项

（一）读单音节字词 100 个

读别（白）字、认错字也算语音错误，需要我们在测试时高度重视，以避免无谓的失分。而口齿不清也算语音缺陷，发音含混不清，清晰度严重不好，应试人也要尽力避免。

应避免马虎、随便的口语发音习惯，力求把每个音节都读得字正腔圆，响亮饱满，尤其是声调要拖够，上声的尾音要提起来（214），

不能读成上半声。《普通话水平测试大纲》规定，上声在第一部分"单音节字词"中或在第二部分"双音节词语"里第二个音节中读作上半声"211"的，均判定为语音缺陷。

掌握好语速及音节与音节之间的停顿。有的应试者不知出于什么心理，读字发音时，像赛跑一样，有的人一口气读十几个音节。与此相对的，是有的人读音迟滞，结结巴巴，半天发不出一个音，还有的人三字一顿，五字一停，形成了一种固定的语调，这些都是不可取的。要么会造成发音不到位被扣分，要么会造成超时被扣分。正确的做法应该是语速适中，一个音节一个音节断开读，不要拖泥带水、前后相连。建议在3分钟内完成为最佳，每个音节之间可停顿在1~1.5秒范围内。

测试时要注意辨别形近字，如"栽—裁"、"缓—媛"、"撤—辙"、"彻—切"、"藐—貌"、"拨—拔"、"衅—畔"、"迢—招"等。还要注意不要把某个字念成常和它组词的另一个字，如把"瑰"、"魄"念成"玫"、"魂"等。实际上这些字都是常用字，按说是不应该读错的，但由于应试者心情过于紧张，便很容易发生误认、误读的情况。应试人应该努力使自己处于一种坦然、自信，心绪平静、稳定的状态之中，才可能减少失误。在准备的时候，要仔细地看题，把每个字看清楚，不要认错，使自己的水平得到正常的发挥。

对于自己不认识的字，在准备的时候可以查教材，查字典。如果实在不认识，应向测试员示意，在征得同意后，再跳过这个字往下念。不能随意挑选着自己认识的字来念，那会受到测试员的制止。

关于某个字读错了，可以重新读一遍，以第二次的读音计判。于是有的人便每一个字都重复一遍，这是不对的，肯定会造成越时扣分。应该有错才改，而且应该有把握确定有错并知道正确的发音时才改，否则也会出现原本念对了结果又改错了的情况。

在第一题的测试中，试卷里将尽量避免出现多音字，遇到实在避免不了的情况时，请念最常用的字音，而且请念最有把握是正确的读音，不要独出心裁有意地去念那些生僻的读音，以免出现无谓的失分。

按照试卷中字词的横向顺序念读，不能按竖排念读或"S"形结构念读。

（二）读多音节词语 50 个

本题的难点是在第一题的基础上增加了轻声、儿化和上声变调。

关于轻声词，只要求应试人把必读轻声词读轻声，其他的词语念中重格。

关于儿化，只要求应试人把标有"儿"尾的词念成儿化韵，如"金鱼儿"就是这样一个标有"儿"尾的儿话词，应该念成"金－鱼儿（jīn-yúr），不应念"金—鱼—儿（jīn-yú-ér）"。其他的词语即使可读儿化韵，也不要求读成儿化。

后一个字的上声的词语，一定要把调值 214 念完整，也就是说要念成全上声，调尾要提起来，不要只念成半上声 211；否则会作为语音缺陷而扣分。

多音节词的两个或两个以上字之间要有连贯性，不要脱节。

（三）朗读作品

本题中的朗读作品为《普通话水平测试大纲》所规定的朗读篇目之中的一篇短文。应试人可在题卷上所提供的两篇作品中任选一篇。这部分内容，除了要考查在连续的语流中应试人能否扫除语言文字障碍，读好字音的声母、韵母、声调、轻声、儿化韵和上声变调等，还要考查应试人把诉诸视觉的书面语言转换为诉诸听觉的有声言语的能力，包括应试人对作品的基本理解、清晰地表意，正确处理朗读的语速、节奏、停顿和连接、重音、语气、腔调，克服方言语调等内容。要注意避免漏读、添读和回读失误。测试规定，朗读中的漏读、添读及回读现象均按语音错误扣分，所以要尽量避免这三种现象，尤其是回读。还要防止随意停连、习惯停连和读破句。朗读时不要太做作，要求情感适度，但也不宜干巴巴的。

（四）命题说话

本题是根据《普通话水平测试大纲》所规定的说话题目进行单向说话，主要考察应试人的普通话口语表达能力。每份题卷上都有两个题目，可由应试人根据自己的实际任选一个题目进行准备和应考。

在实际的测试中，可能要说的话还没说完，时间就到了；也许要说的话已经说完了，时间还没到。遇到后者，要随机应变，可接着前面的话头往下发挥，如说说前面那段故事给我留下的感想、看法等。当然，在准备的时候，应该多考虑一些具体的说话内容，以备机动。

进入考场，在正式考试之前，每个应试人都有大约 15 至 20 分钟的准备时间，这个时候应试人都拿到了自己的题卷，要认真做好准备。建议首先选取说话的题目，确定内容，思考说话的大致条理，这样才不至于测试时无话可说。有的应试人把过多的时间放在查字典、读作品上了，这是不合适的，因为前三题都是有文字凭借的，而且都应该在拿到这本教材时就下工夫去学习。前两题中所有的字词读音，都可以在教材里学到，朗读也可以通过教材提供的作品进行训练，因此针对前三题，绝大部分的准备工作应在测试前做好。教材虽然也提供了第四题说话的题目，但测试时的随意性毕竟很大，所以区区十几分钟的时间不可能平摊到每一道题的准备上，应该侧重于说话的准备，其次才是读单或多音节和朗读的准备。前三题的准备可简要回顾一下所选作品中有哪些地方值得在测试时注意，并简要看一下第一、二题中有哪些字音还不太熟悉，以便对症下药，进行必要的查询。更多的准备应该放在说话题目的选择、说话内容的确定和组织上。无话可说是会丢很多的分数的。大纲规定，如果应试人不能进行单向说话，而必须通过测试员的提问或者启发才能够开口，则会被扣 1 至 2 分；如果应试人说话的内容过少，说话时间不到 3 分钟，还会被扣掉更多的分数。

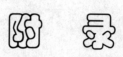

附 录

附录一　普通话水平测试样卷

一、读单音节字词 100 个（限时 3.5 分钟，共 10 分）

电	远	日	韦	仄	尖	黄	塌	眉	艘
临	赚	池	憎	饶	促	丝	国	伞	床
觅	丢	裙	匾	庞	恩	俘	拢	醉	劳
肉	萌	倦	准	内	熏	仰	抬	袜	您
黯	虫	篾	朽	糟	并	枪	蠢	羹	不
激	牌	瓜	粤	而	梳	你	块	雄	另
巴	让	条	撺	硫	鸟	瘸	磕	统	驱
我	跤	苟	章	景	瞎	海	搭	女	饭
许	黑	抵	摹	炒	跌	蕊	神	哑	签
甩	蹿	坠	恐	破	磁	圣	法	授	炯

二、读多音节词语 50 个（限时 2.5 分钟，共 20 分）

把手	美妙	盆地	逆流	铁道
强盛	凝结	快速	轮廓	居然
酗酒	略微	穷苦	捐献	雄壮
珐琅	配合	号召	约会	北面
反映	运动	放心	更加	普遍
亲戚	抓紧	讲座	推广	问题
原料	闯荡	酸楚	琐碎	串供

催促	婶婶	揣测	耍弄	惨败
傻眼	崽子	使馆	早产	死扣儿
展览馆	一下儿	小孩儿	有点儿	一模一样

三、朗读（限时4分钟，共30分）

蜚声于世的悉尼歌剧院，坐落在澳大利亚著名的港口城市悉尼三面环海贝尼朗岬角上。它由一个大基座和三个拱顶组成，占地逾18万平方米。远远望去，既像一簇洁白的贝壳，又像一队扬帆的航船。

说起悉尼歌剧院的建造，还有一段鲜为人知的轶事。

1956年，当时的澳大利亚总理凯希尔应担任乐团总指挥的好友古申斯的请求，决定由政府出资在贝尼朗建造一座现代化的歌剧院。有30个国家的建筑师送来了223个设计方案，由美国著名建筑师沙里宁等人组成的评委会负责评选。评选初期，沙里宁因故未能及时参加。他对初选出来的10个方案都不满意，便又仔细地审阅了被淘汰的213个方案，从中挑选出38岁的丹麦建筑师耶尔恩·乌特松设计的方案。独具慧眼的沙里宁认为，这个设计方案如能实现，必将成为非凡的建筑。他最终说服其他评委采纳了这个方案，使之免遭"胎死腹中"的厄运。

当乌特松的方案于1959年开始付诸实施时，又遇到了拱顶壳面建筑结构和施工技术方面的困难。经过修改设计后，才使壳面得以继续施工。但当工程进行到第九年时，坚定不移的支持者凯希尔总理去世了，新上台的自由党人以造价超过原估算为由，拒付所欠设计费，企图迫使工程停止。而此时歌剧院的主体结构已经完成，形成骑虎难下、欲罢不能之势。最后经过多方协商，由政府的三人小组取代乌特松负责工程继续建设。经历了15个艰难的春秋之后，悉尼歌剧院终于在1973年竣工，英国女王伊丽莎白二世专程前往悉尼，参加了10月20日举行的盛大落成典礼。

四、说话（任选一个题目说 3～4 分钟）

1. 对"假日经济"的看法
2. 我的读书生活

附录二　常用轻声词表

a

爱人

b

八哥	巴结	扒拉	爸爸	白净	摆布	扳手	棒槌
包袱	包涵	报酬	辈分	本子	蹦跶	鼻子	比方
比量	鞭子	扁担	辫子	便当	憋闷	别扭	拨拉
拨弄	伯伯	脖子	簸箕	补丁	部分	步子	

c

财主	苍蝇	差事	柴火	掺和	颤悠	长处	厂子
车子	称呼	尺寸	虫子	抽搭	抽屉	出落	出息
锄头	畜生	窗户	窗子	伺候	刺猬	凑合	村子
错处							

d

奤拉	答理	答应	打扮	打发	打量	打听	大爷
大夫	耽搁	耽误	胆子	担子	叨唠	刀子	倒腾
道士	灯笼	凳子	提防	嘀咕	底下	弟弟	弟兄
掂掇	点心	钉子	东边	懂得	动静	动弹	兜肚
斗篷	豆腐	嘟噜	嘟囔	肚子	队伍	对付	多么

e

恶心	儿子	耳朵

f

法子	房子	风筝	疯子	奉承	扶手	福分	福气

斧头　　斧子　　富余

g

盖子　　干巴　　甘蔗　　高粱　　膏药　　稿子　　告示　　疙瘩
胳膊　　哥哥　　个子　　跟头　　根子　　功夫　　勾搭　　估摸
姑姑　　姑娘　　谷子　　骨头　　故事　　寡妇　　官司　　棺材
管子　　罐头　　逛荡　　归置　　规矩　　闺女　　棍子

h

哈欠　　孩子　　害处　　含糊　　寒碜　　行当　　好处　　合同
和气　　和尚　　核桃　　盒子　　后头　　厚道　　厚实　　狐狸
胡琴　　胡子　　葫芦　　糊涂　　护士　　花哨　　坏处　　黄瓜
晃荡　　晃悠　　活泛　　活计　　活泼　　火烧　　伙计

j

叽咕　　饥荒　　机灵　　脊梁　　记得　　记号　　记性　　嫉妒
家伙　　价钱　　架势　　架子　　嫁妆　　奸细　　煎饼　　见识
将就　　缰绳　　讲究　　交情　　娇嫩　　搅和　　饺子　　叫唤
结巴　　结实　　街坊　　节气　　姐夫　　姐姐　　芥末　　戒指
进项　　镜子　　舅舅　　橘子　　句子　　觉得

k

考究　　磕打　　咳嗽　　客气　　窟窿　　苦处　　裤子　　快当
快活　　筷子　　宽敞　　宽绰　　框子　　亏得　　困难　　阔气

l

拉扯　　喇叭　　喇嘛　　来路　　篮子　　懒得　　烂糊　　牢靠
老婆　　老实　　老爷　　累赘　　冷清　　篱笆　　里头　　力气
厉害　　利落　　利索　　例子　　莲蓬　　链子　　凉快　　粮食
铃铛　　菱角　　领子　　笼子　　萝卜　　骆驼　　落得

m

妈妈　　麻烦　　麻利　　马虎　　码头　　买卖　　卖弄　　麦子
馒头　　忙乎　　帽子　　玫瑰　　眉毛　　妹妹　　门路　　门面

眯缝	迷糊	密实	棉花	免得	苗条	名堂	名字
明白	模糊	磨蹭	蘑菇	牡丹	木匠	木头	

n

那么	奶奶	难为	脑袋	脑子	闹腾	能耐	你们
腻烦	年成	年月	黏糊	念叨	念头	娘家	扭搭
扭捏	奴才	女婿	暖和	疟疾	挪动		

p

拍打	牌楼	牌子	盘缠	盘算	炮仗	朋友	皮匠
皮实	疲沓	脾气	屁股	篇幅	便宜	漂亮	苤蓝
瓶子	婆家	婆婆	笸箩	铺子			

q

欺负	漆匠	旗子	气性	前头	俏皮	亲戚	勤快
清楚	情形	亲家	圈子	拳头			

r

热乎	热和	热闹	人们	认得	认识	任务	日子
软和							

s

洒脱	嗓子	嫂嫂	嫂子	扫帚	沙子	山药	晌午
上边	上司	上头	烧饼	芍药	少爷	舌头	舍得
身份	身量	身子	神甫	什么	婶婶	生分	牲口
绳子	省得	尸首	师父	师傅	师爷	狮子	石榴
石头	时辰	时候	拾掇	使得	使唤	事情	势力
收成	收拾	寿数	书记	叔伯	叔叔	舒服	舒坦
疏忽	熟识	属相	数落	刷子	摔打	爽快	顺当
说合	说和	思量	松快	俗气	素净	算计	随和
岁数							

t

他们	踏实	摊子	抬举	态度	太太	梯子	踢腾

| 嚏喷 | 添补 | 笤帚 | 铁匠 | 停当 | 亭子 | 头发 | 吐沫 |
| 妥当 | 唾沫 | | | | | | |

w

娃娃	瓦匠	袜子	外甥	外头	晚上	王八	王爷
忘性	尾巴	委屈	位置	味道	温和	稳当	蚊子
窝囊	窝棚	我们					

x

稀罕	席子	喜欢	虾米	下巴	吓唬	先生	显得
箱子	响动	相公	相声	消息	小气	晓得	笑话
歇息	鞋匠	谢谢	心思	薪水	星星	猩猩	腥气
行李	休息	秀才	秀气	絮烦	玄乎	学生	学问

y

鸭子	牙碜	牙口	衙门	哑巴	雅致	胭脂	烟筒
严实	阎王	眼睛	砚台	燕子	央告	秧歌	养活
痒痒	样子	吆喝	妖精	钥匙	爷爷	衣服	衣裳
姨夫	已经	椅子	义气	益处	意思	影子	应酬
硬朗	用处	油水	冤家	冤枉	院子	约莫	月饼
月亮	月钱	云彩	匀溜	匀实			

z

杂碎	再不	在乎	咱们	早晨	早上	造化	怎么
扎实	咋呼	栅栏	张罗	丈夫	丈母	帐篷	招呼
招牌	找补	折腾	这么	针脚	枕头	芝麻	知识
直溜	指甲	指头	种子	主意	柱子	转悠	庄稼
壮实	状元	桌子	字号	祖宗	嘴巴	作坊	琢磨
做作							

附录三　现代汉语常用字表

一、常用字（2 500 字）

a

ā	阿啊
āi	哀唉挨
ǎi	矮
ài	爱碍
ān	安
àn	岸按案暗
áng	昂
ǎo	袄
ào	傲奥

b

bā	八巴扒吧疤
bá	拔
bǎ	把
bà	坝爸罢霸
bái	白
bǎi	百柏摆
bài	败拜
bān	班般斑搬
bǎn	板版
bàn	办半伴扮拌瓣

bāng	帮
bǎng	绑榜膀
bàng	傍棒
bāo	包胞
báo	雹
bǎo	宝饱保堡
bào	报抱暴爆
bēi	杯悲碑
běi	北
bèi	贝备背倍被辈
bēn	奔
běn	本
bèn	笨
bèng	蹦
bī	逼
bí	鼻
bǐ	比彼笔鄙
bì	币必毕闭毙辟弊 碧蔽壁避臂
biān	边编鞭
biǎn	扁

biàn	便变遍辨辩辫	cǎo	草
biāo	标	cè	册侧厕测策
biǎo	表	céng	层曾
bié	别	chā	叉插
bīn	宾滨	chá	查茶察
bīng	冰兵	chà	岔差
bǐng	丙柄饼	chāi	拆
bìng	并病	chái	柴
bō	拨波玻	chán	馋缠
bāo	剥	chǎn	产铲
bō	菠播	chàn	颤
bó	脖伯驳泊博搏膊	chāng	昌
	薄	cháng	长肠尝偿常
bo	卜	chǎng	厂场敞
bǔ	补捕	chàng	畅倡唱
bù	不布步怖部	chāo	抄钞超
		cháo	朝潮
C		chǎo	吵炒
cā	擦	chē	车
cāi	猜	chě	扯
cái	才材财裁	chè	彻撤
cǎi	采彩睬踩	chén	尘臣沉辰陈晨
cài	菜	chuǎng	闯
cān	参餐	chèn	衬趁
cán	残蚕惭	chēng	称撑
cǎn	惨	chéng	成呈承诚城乘惩
càn	灿		程
cāng	仓苍舱	chèng	秤
cáng	藏	chī	吃
cāo	操	chí	池驰迟持匙
cáo	槽		

chǐ	尺齿耻	cū	粗
chì	斥赤翅	cù	促醋
chōng	充冲	cuàn	窜
chóng	虫崇	cuī	催摧
chōu	抽	cuì	脆翠
chóu	仇绸愁稠筹酬	cūn	村
chǒu	丑	cún	存
chòu	臭	cùn	寸
chū	出初	cuò	错
chú	除厨锄		

d

chǔ	础储楚处	dā	搭
chù	触畜	dá	达答
chuān	川穿	dǎ	打
chuán	传船	dà	大
chuǎn	喘	dāi	呆
chuàn	串	dài	代带待怠贷袋逮
chuāng	疮窗		戴
chuáng	床	dān	丹单担耽
chuàng	创	dǎn	胆
chuī	吹炊	dàn	旦但诞弹淡蛋
chuí	垂锤	dāng	当
chūn	春	dǎng	挡党
chún	纯唇	dàng	荡档
chǔn	蠢	dāo	刀叨
cí	词慈辞磁	dǎo	导岛倒蹈
cǐ	此	dào	到悼盗道稻
cì	次刺	dé	得德
cōng	从匆葱聪	de	的
cóng	丛	dēng	灯登
còu	凑	děng	等

dèng	凳	duì	队对
dī	低堤滴	dūn	吨蹲
dí	敌笛	dùn	盾顿
dǐ	底抵	duō	多
dì	地弟帝递第	duó	夺
diān	颠	duǒ	朵躲
diǎn	典点	duò	惰
diàn	电店垫殿		**e**
diāo	叼雕	é	鹅蛾额
diào	吊钓调掉	è	恶饿
diē	爹跌	ēn	恩
dié	叠蝶	ér	儿而
dīng	丁叮盯	ěr	耳
dǐng	顶	èr	二
dìng	钉订定		**f**
diū	丢	fā	发
dōng	东冬	fá	乏伐罚阀
dǒng	董懂	fǎ	法
dòng	动冻栋洞	fān	帆番翻
dōu	都	fán	凡烦繁
dǒu	抖陡	fǎn	反返
dòu	斗豆逗	fàn	犯泛饭范贩
dū	督	fāng	方坊芳
dú	毒读独	fáng	防妨房
dǔ	堵赌	fǎng	仿访纺
dù	杜肚度渡	fàng	放
duān	端	fēi	飞非
duǎn	短	féi	肥
duàn	段断缎锻	fěi	匪
duī	堆		

fèi	废沸肺费	gē	哥胳鸽割搁歌
fēn	分吩纷芬	gé	阁革格葛隔
fén	坟	gè	个各
fěn	粉	gěi	给
fèn	份奋愤粪	gēn	根跟
fēng	丰风封疯峰锋蜂	gēng	更耕
féng	逢缝	gōng	工弓公功攻供宫
fěng	讽		恭躬
fèng	凤奉	gǒng	巩
fó	佛	gòng	共贡
fǒu	否	gōu	勾沟钩
fū	夫肤	gǒu	狗
fú	伏扶服俘浮符幅	gòu	构购够
	福	gū	估姑孤辜
fǔ	抚府斧俯辅腐	gǔ	古谷股骨鼓
fù	父付妇负附咐复	gù	固故顾
	赴副傅富腹覆	guā	瓜刮
		guà	挂

g

		guāi	乖
gāi	该	guǎi	拐
gǎi	改	guài	怪
gài	盖溉概	guān	关观官
gān	干甘杆肝竿	guǎn	馆管
gǎn	秆赶敢感	guàn	冠贯惯灌罐
gāng	冈刚纲缸钢	guāng	光
gǎng	岗港	guǎng	广
gàng	杠	guī	归龟规
gāo	高膏糕	guǐ	轨鬼
gǎo	搞稿	guì	柜贵桂跪
gào	告	gǔn	滚

gùn	棍	hóu	喉猴
guō	锅	hǒu	吼
guó	国	hòu	后厚候
guǒ	果裹	hū	乎呼忽
guò	过	hú	狐胡壶湖糊蝴
		hǔ	虎
h		hù	互户护
hā	哈	huā	花
hái	孩	huá	华哗滑猾
hǎi	海	huà	化划画话
hài	害	huái	怀槐
hán	含寒	huài	坏
hǎn	喊	huān	欢
hàn	汉汗旱	hái	还
háng	航	huán	环
háo	毫豪	huǎn	缓
hǎo	好	huàn	幻唤换患
hào	号浩耗	huāng	荒慌
hē	喝	huáng	皇黄煌
hé	禾合何和河核荷 盒	huǎng	晃谎
		huī	灰恢挥辉
hè	贺	huí	回
hēi	黑	huǐ	悔毁
hén	痕	huì	汇会绘贿惠慧
hěn	很狠	hūn	昏婚
hèn	恨	h%n	浑魂
héng	恒横衡	hùn	混
hōng	轰哄烘	huó	活
hóng	红宏洪虹	huǒ	火伙
		huò	或货获祸惑

j

jī	击饥圾机肌鸡迹积基绩激
jí	及吉级即极急疾集籍
jǐ	几己挤脊
jì	计记纪忌技际剂季既济继寄
jiā	加夹佳家嘉
jiǎ	甲
jià	价驾架假嫁稼
jiān	奸尖坚歼间肩艰兼监煎
jiǎn	拣俭茧捡减剪检简
jiàn	见件建剑荐贱健舰渐践鉴键箭
jiāng	江姜将浆僵疆
jiǎng	讲奖桨
jiàng	匠降酱
jiāo	交郊娇浇骄胶椒焦蕉
jiǎo	角狡绞饺脚搅缴
jiào	叫轿较教
jiē	阶皆接揭街
jié	节劫杰洁结捷截竭
jiě	姐解
jiè	介戒届界借

jīn	巾今斤金津筋
jǐn	仅紧谨锦
jìn	尽劲近进晋浸禁
jīng	京经茎惊晶睛精
jǐng	井颈景警
jìng	净径竞竟敬境静镜
jiū	纠究揪
jiǔ	九久酒
jiù	旧救就舅
jū	居拘鞠
jú	局菊橘
jǔ	举矩
jù	句巨拒具俱剧惧据距锯聚
juān	捐
juàn	卷倦绢
jué	决绝觉掘嚼
jūn	军君均菌
jùn	俊

k

kǎ	卡
kāi	开
kǎi	凯慨
kān	刊堪
kǎn	砍
kàn	看
kāng	康糠
káng	扛
kàng	抗炕

kǎo	考烤	kǔn	捆
kào	靠	kùn	困
kē	科棵颗	kuò	扩括阔
ké	壳咳		**l**
kě	可渴		
kè	克刻客课	lā	垃拉啦
kěn	肯垦恳	lǎ	喇
kēng	坑	là	腊蜡辣
kōng	空	lái	来
kǒng	孔	lài	赖
kǒng	恐	lán	兰拦栏蓝篮
kòng	控	lǎn	览懒
kǒu	口	làn	烂滥
kòu	扣寇	láng	郎狼廊
kū	枯哭	lǎng	朗
kǔ	苦	làng	浪
kù	库裤酷	lāo	捞
kuā	夸	láo	劳牢
kuǎ	垮	lǎo	老姥
kuà	挎跨	lào	涝
kuài	块快	lè	乐勒
kuān	宽	léi	雷
kuǎn	款	lěi	垒
kuāng	筐	lèi	泪类累
kuáng	狂	lěng	冷
kuàng	况旷矿框	lí	厘梨狸离犁璃黎
kuī	亏	lǐ	礼李里理
kuí	葵	lì	力历厉立丽利励
kuì	愧		例隶栗粒
kūn	昆	liǎ	俩
		lián	连帘怜莲联廉镰

liǎn	脸	luě	掠
liàn	练炼恋链	luè	略
liáng	良凉梁粮粱	lún	轮
liǎng	两	lùn	论
liàng	亮谅辆量	luó	罗萝锣箩骡螺
liáo	辽疗僚	luò	络骆落
le	了		

m

liào	料	mā	妈
liè	列劣烈猎裂	má	麻
lín	邻林临淋	mǎ	马码蚂
líng	伶灵铃陵零龄	mà	骂
lǐng	岭领	ma	吗
lìng	令另	mái	埋
liū	溜	mǎi	买
liú	刘流留榴	mài	迈麦卖脉
liǔ	柳	mán	蛮馒瞒
liù	六	mǎn	满
lóng	龙笼聋隆	màn	慢漫
lǒng	垄拢	máng	忙芒盲茫
lóu	楼	māo	猫
lǒu	搂	máo	毛矛茅
lòu	漏	mào	茂冒贸帽貌
lú	芦炉	me	么
lǔ	房鲁	méi	没眉梅煤霉
lù	露陆录鹿碌路	měi	每美
lú	驴	mèi	妹
lǚ	旅屡	mén	门
lù	律虑滤率绿	mèn	闷
luǎn	卵	men	们
luàn	乱		

méng	萌盟蒙	nǎi	乃奶
měng	猛	nài	耐
mèng	孟梦	nán	男南难
mí	迷谜	náng	囊
mǐ	米眯	náo	挠
mì	秘密蜜	nǎo	恼脑
mián	眠绵棉	nào	闹
miǎn	免勉	ne	呢
miàn	面	nèn	嫩
miáo	苗描	néng	能
miǎo	秒	ní	尼泥
miào	妙庙	nǐ	你
miè	灭蔑	nì	逆
mín	民	nián	年
mǐn	敏	niàn	念
míng	名明鸣	niáng	娘
mìng	命	niàng	酿
mō	摸	niǎo	鸟
mó	模膜摩磨魔	niào	尿
mò	抹末沫莫漠墨默	niē	捏
móu	谋	nín	您
mǒu	某	níng	宁凝
mǔ	母亩	niú	牛
mù	木目牧墓幕慕暮	niǔ	扭纽
		nóng	农浓
	n	nòng	弄
ná	拿	nú	奴
nǎ	哪	nǔ	努
nèi	内	nù	怒
nà	那纳		

nǚ	女
nuǎn	暖
nuó	挪

o

| ōu | 欧 |
| ǒu | 偶 |

p

pā	趴
pá	爬
pà	怕
pāi	拍排
pái	牌
pài	派
pān	攀
pán	盘
pàn	判叛盼
pāng	乓
páng	旁
pàng	胖
pāo	抛
páo	袍
pǎo	跑
pào	炮泡
péi	陪培赔
pèi	佩配
pēn	喷
pén	盆
péng	朋棚蓬膨
pěng	捧

pèng	碰
pī	批披劈
pí	皮疲脾
pǐ	匹
pì	僻
piàn	片
piān	偏篇
piàn	骗
piāo	漂飘
piào	票
piě	撇
pīn	拼
pín	贫
pǐn	品
pīng	乒
píng	平评凭苹瓶萍
pō	坡泼
pó	婆
pò	迫破魄
pōu	剖
pū	扑
pú	仆葡
pǔ	朴普谱
pù	铺

q

qī	七妻戚期欺漆
qí	齐其奇骑棋旗
qǐ	乞企岂启起
qì	气弃汽砌器

qià	恰洽	quàn	劝券
qiān	千迁牵铅谦签前	quē	缺
qián	钱钳潜	què	却雀确鹊
qiǎn	浅遣	qún	裙群
qiàn	欠歉		
qiāng	枪腔		**r**
qiáng	强墙	rán	然燃
qiǎng	抢	rǎn	染
qiāo	悄敲锹	rāng	嚷
qiáo	乔侨桥瞧	rǎng	壤
qiǎo	巧	ràng	让
qiē	切	ráo	饶
qié	茄	rǎo	扰
qiě	且	rào	绕
qiè	窃	rě	惹
qīn	亲侵	rè	热
qín	芹琴禽勤	rén	人仁
qīng	青轻倾清蜻	rěn	忍
qíng	情晴	rèn	刃认任
qǐng	顷请	rēng	扔仍
qìng	庆	rì	日
qióng	穷	róng	绒荣容熔融
qiū	丘秋	róu	柔揉
qiú	求球	ròu	肉
qū	区驱屈趋	rú	如
qú	渠	rǔ	乳辱
qǔ	曲取	rù	入
qù	去趣	ruǎn	软
quān	圈	ruì	锐瑞
quán	全权泉拳	rùn	润
quǎn	犬	ruò	若弱

s

sā	撒
sǎ	洒
sāi	塞
sài	赛
sān	三
sǎn	伞
sàn	散
sāng	桑
sǎng	嗓
sàng	丧
sǎo	扫嫂
sè	色
sēn	森
shā	杀沙纱
shǎ	傻
shāi	筛
shài	晒
shān	山删衫
shǎn	闪陕
shàn	扇善
shāng	伤商
shang	裳
shǎng	晌赏
shàng	上尚
shāo	捎梢烧稍
sháo	勺
shǎo	少
shào	绍哨

shé	舌蛇
shě	舍
shè	设社射涉摄
shēn	申伸身深
shén	神
shěn	沈审婶肾甚渗慎
shēng	升生声牲
shéng	绳
shěng	省
shèng	胜圣盛剩
shī	尸失师诗施狮湿
shí	十什石时识实拾 蚀食
shǐ	史使始驶
shì	士氏世市示式事 侍势视试饰室是 柿适逝释誓
shōu	收
shǒu	手守首
shòu	寿受兽售授瘦
shū	书叔殊梳疏舒输 蔬
shú	熟
shǔ	暑鼠薯
shù	术束述树竖数
shuā	刷
shuǎ	耍
shuāi	衰摔
shuǎi	甩
shuài	帅

shuān	拴	tǎ	塔
shuāng	双霜	tà	踏
shuǎng	爽	tái	台抬
shuí	谁	tài	太态泰
shuǐ	水	tān	贪摊滩
shuì	税睡	tán	坛谈痰
shùn	顺	tǎn	坦毯
shuō	说	tàn	叹炭探
sòu	嗽	tāng	汤
sī	丝司私思斯撕	táng	唐堂塘膛糖
sǐ	死	tǎng	倘躺
sì	四寺似饲肆	tàng	烫趟
sōng	松	tāo	涛掏滔
sòng	宋诵送颂	táo	逃桃陶淘萄
sōu	搜艘	tǎo	讨
sū	苏	tào	套
sú	俗	tè	特
sù	诉肃素速宿塑	téng	疼腾
suān	酸	tī	梯踢
suàn	蒜算	tí	提题蹄
suī	虽	tǐ	体
suí	随	tì	剃惕替
suì	岁碎穗	tiān	天添
sūn	孙	tián	田甜填
sǔn	损笋	tiāo	挑
suō	缩	tiáo	条
suǒ	所索锁	tiào	跳
	t	tiē	贴帖
tā	她他它塌	tiě	铁
		tīng	厅听

tíng	亭庭停蜓		wān	弯湾
tǐng	挺艇		wán	丸完玩顽
tōng	通		wǎn	挽晚碗
tóng	同桐铜童		wàn	万
tǒng	统桶筒		wāng	汪
tòng	痛		wáng	亡王
tōu	偷		wǎng	网往
tóu	头投		wàng	妄忘旺望
tòu	透		wēi	危威微
tū	秃突		wéi	为围违唯维
tú	图徒涂途屠		wěi	伟伪尾委
tǔ	土吐		wèi	卫未位味畏胃喂
tù	兔			慰
tuán	团		wēn	温
tuī	推		wén	文纹闻蚊
tuǐ	腿		wěn	稳
tuì	退		wèn	问
tūn	吞		wēng	翁
tún	屯		wō	窝
tuō	托拖脱		wǒ	我
tuó	驼		wò	沃卧握
tuǒ	妥		wū	乌污呜屋

W

			wú	无吴
wā	挖蛙		wǔ	五午伍武侮舞
wá	娃		wù	勿务物误悟雾
wǎ	瓦			
wà	袜			**X**
wāi	歪		xī	夕西吸希析息牺
wài	外			悉惜稀溪锡熄膝
			xí	习席袭

xǐ	洗喜	xiǔ	朽
xì	戏系细隙	xiù	秀绣袖锈
xiā	虾瞎	xū	须虚需
xiá	峡狭霞	xú	徐
xià	下吓夏厦	xǔ	许
xiān	仙先纤掀鲜	xù	序叙畜绪续絮蓄
xián	闲弦贤咸衔嫌	xuān	宣
xiǎn	显险	xuán	悬旋
xiàn	县现线限宪陷馅	xuǎn	选
	羡献	xué	穴学
xiāng	乡相香箱	xuě	雪
xiáng	详祥	xuè	血
xiǎng	享响想	xún	寻巡旬询循
xiàng	向巷项象像橡	xùn	训讯迅
xuē	削		
xiāo	宵消销		**Y**
xiǎo	小晓	yā	压呀押鸦鸭
xiào	孝效校笑	yá	牙芽崖
xiē	些歇	yǎ	哑雅
xié	协邪胁斜携鞋	yà	亚
xiě	写	yān	咽烟淹
xiè	泄泻卸屑械谢	yán	延严言岩沿炎研
xīn	心辛欣新薪信		盐颜
xīng	兴星腥	yǎn	掩眼演
xíng	刑行形型	yàn	厌宴艳验焰雁燕
xǐng	醒	yāng	央殃秧
xìng	杏姓幸性	yáng	扬羊阳杨洋
xiōng	凶兄胸	yǎng	仰养氧痒
xióng	雄熊	yàng	样
xiū	休修羞	yāo	妖腰邀

yáo	窑谣摇遥
yǎo	咬
yào	药要耀
yé	爷
yě	也冶野
yè	业叶页夜液
yī	一衣医依
yí	仪宜姨移遗疑
yǐ	乙已以蚁倚椅
yì	义亿忆艺议亦异
	役译易疫益谊意
	毅翼
yīn	因阴姻音
yín	银
yǐn	引饮隐
yìn	印
yīng	应英樱鹰
yíng	迎盈营蝇赢
yǐng	影
yìng	映硬
yōng	佣拥庸
yǒng	永咏泳勇涌
yòng	用
yōu	优忧悠
yóu	尤由犹邮油游
yǒu	友有
yòu	又右幼诱
yú	于余鱼娱渔愉愚
	榆
yǔ	予与宇屿羽雨语

yù	玉育狱浴预域欲
	御裕遇愈誉
yuān	冤
yuán	元员园原圆援缘
	源
yuǎn	远
yuàn	怨院愿
yuē	约
yào	钥
yuè	月悦阅跃越
yún	云匀
yǔn	允
yùn	孕运
yūn	晕
yùn	韵

Z

zá	杂
zāi	灾栽
zǎi	宰载
zài	再在
zán	咱
zàn	暂赞
zāng	脏
zàng	葬
zāo	遭糟
zǎo	早枣澡
zào	灶皂造燥躁
zé	则择泽责
zéi	贼

zěn	怎	zhī	之支只汁芝枝知 织肢脂蜘
zēng	增	zhí	执侄直值职植殖
zèng	赠	zhǐ	止旨址纸指
zhā	渣扎	zhì	至志制帜治质秩 致智置
zhá	轧闸		
zhǎ	眨	zhōng	中忠终钟
zhà	炸榨	zhǒng	肿种
zhāi	摘	zhòng	众重
zhái	宅	zhōu	州舟周洲粥
zhǎi	窄	zhòu	宙昼皱骤
zhài	债寨	zhū	朱株珠诸猪蛛
zhān	沾粘	zhú	竹烛逐
zhǎn	斩展盏崭	zhǔ	主属煮嘱
zhàn	占战站	zhù	住助注驻柱祝著 筑铸
zhāng	张章		
zhǎng	涨掌	zhuā	抓
zhàng	丈仗帐胀障	zhuǎ	爪
zhāo	招	zhuān	专砖
zhǎo	找	zhuàn	转
zhào	召兆赵照罩	zhuàn	赚
zhē	遮	zhuāng	庄装
zhé	哲折	zhuàng	壮状撞
zhè	这浙	zhuī	追
zhēn	贞针侦珍真	zhǔn	准
zhěn	诊枕	zhuō	捉桌
zhèn	阵振镇震	zhuó	浊啄
zhēng	争征睁筝蒸	zhe	着
zhěng	整	zǎi	仔
zhèng	挣正证郑政症	zī	姿资滋

zǐ	子紫	zǔ	阻组祖
zì	字自	zuàn	钻
zōng	宗棕踪	zuǐ	嘴
zǒng	总	zuì	最罪醉
zòng	纵	zūn	尊遵
zǒu	走	zuó	昨
zòu	奏	zuǒ	左
zū	租	zuò	作坐座做
zú	足族		

二、次常用字（1000字）

a

āi	哎埃	bāng	邦梆
ái	癌	bàng	蚌谤磅
ǎi	蔼	bāo	苞褒
ài	艾隘	bào	豹
ān	氨庵鞍	bēi	卑
ǎn	俺	bèi	狈惫焙
āng	肮	bēng	崩绷
āo	凹熬	bèng	泵
ào	拗澳懊	bí	荸

b

bā	叭芭捌笆	bǐ	匕秕
bá	跋	bì	庇痹蓖璧
bǎ	靶	biān	蝙
bāi	掰	biǎn	贬匾
bān	扳颁	biāo	彪膘
bàn	绊	biē	憋鳖
		biě	瘪
		bīn	彬缤濒
		bìn	鬓

bǐng	秉禀	chú	雏橱
bó	勃舶渤	chù	蠢
bǒ	跛簸	chuāi	揣
bǔ	哺	cōng	囱
bù	埠簿	chuí	捶
		chūn	椿
	c	chún	淳醇
cāng	沧	chuō	戳
cāo	糙	chuò	绰
cáo	曹	cí	祠瓷雌
cèng	蹭	cì	赐
chā	杈	cù	簇
chá	茬碴	cuàn	篡
chǎ	衩	cuī	崔
chái	豺	cuì	悴粹
chān	掺搀	cuō	搓撮
chán	蝉	cuò	挫措锉
chǎn	阐		
chāng	猖		**d**
cháo	巢嘲	dá	瘩
chè	澈	dǎi	歹
chén	忱	dǎn	掸
chēng	铛	dàn	氮
chéng	澄橙	dāng	裆
chěng	逞	dǎo	捣祷
chī	嗤痴	dēng	蹬
chí	弛	dèng	邓瞪
chǐ	侈	dí	嘀涤嫡
chǒng	宠	dì	缔蒂
chóu	畴	diān	掂

diǎn	碘		fēi	啡菲
diàn	淀奠惦甸		fěi	诽
diāo	刁碉		fèi	吠
dié	谍碟		fēn	氛
dǐng	鼎		fén	焚
dìng	锭		fèn	忿
dōu	兜		fēng	枫
dǒu	蚪		féng	冯
dòu	痘		fū	麸孵敷
dú	犊		fú	凫芙拂袱辐蝠
dǔ	睹		fǔ	甫脯
dù	妒镀		fù	赋缚
duì	兑			
dūn	敦墩		**g**	
dǔn	盹		gài	丐钙
dùn	囤钝		gān	柑
duō	哆		gǎn	橄
duó	踱		gāng	肛
duò	垛堕舵跺		gāo	羔篙
			gǎo	镐
e			gē	戈疙
é	讹俄		gé	蛤
è	扼愕遏噩鳄		gēng	羹
ěr	尔饵		gěng	埂耿梗
èr	贰		gōng	蚣
			gǒng	汞拱
f			gǒu	苟
fá	筏		gòu	垢
fán	矾樊		gū	咕沽菇箍
fǎng	肪		gù	雇

guǎ	寡	huàn	宦涣焕痪
guà	卦褂	huáng	凰惶蝗蟥
guān	棺	huǎng	恍幌
guàng	逛	huī	徽
guī	闺硅瑰	huí	茴蛔
guǐ	诡	huì	讳诲晦秽
guì	刽	hūn	荤
guō	郭	huò	豁霍

h

j

hài	亥骇	jī	讥叽唧畸箕稽
hān	酣憨	jí	棘嫉辑
hán	函涵韩	jì	妓寂祭鲫冀
hǎn	罕	jiā	枷
hàn	悍捍焊憾撼翰	jiá	荚颊
hāng	夯	jiǎ	贾钾
háng	杭	jiǎn	柬碱
hāo	蒿	jiàn	涧溅
háo	嚎壕	jiāng	缰
hē	呵	jiǎng	蒋
hè	褐赫鹤	jiāo	礁
hēi	嘿	jiǎo	侥矫剿
hēng	哼	jiào	窖醮
hóng	鸿	jiē	秸
hóu	侯	jiè	芥诫襟
hú	弧葫	jīn	荆
hǔ	唬	jīng	兢鲸
hù	沪	jǐng	阱
huà	桦	jìng	靖
huái	徊淮	jiǒng	窘

jiū 鸠
jiǔ 灸玖韭
jiù 臼疚
jū 驹
jǔ 沮
jù 炬
juān 鹃
juàn 眷
jué 诀倔爵
jūn 钧
jùn 峻骏竣

k

kā 咖
kāi 揩
kǎi 楷
kān 勘
kǎn 坎
kāng 慷
kǎo 拷
kào 铐
kē 坷苛磕蝌
kěn 啃
kēng 吭
kōu 抠
kū 窟
kuà 胯
kuài 筷
kuàng 眶
kuī 盔窥
kuí 魁
kuǐ 傀
kuì 溃
kūn 坤
kuò 廓

l

lái 莱
lài 癞
lán 澜
lǎn 揽缆榄
láng 琅榔
lào 唠烙酪
lěi 蕾儡
lèi 肋擂
léng 棱
lèng 楞
lí 漓篱
lǐ 哩鲤
lì 莉吏沥俐荔砾痢
雳
liǎn 敛
liàng 晾
liáo 聊寥嘹撩缭燎
liǎo 潦
liào 镣瞭
liě 咧
lín 琳磷鳞
lǐn 凛檩
lìn 吝赁躏

líng	玲凌翎菱蛉	mí	弥糜靡
liú	琉硫馏瘤	mì	泌觅
lóng	咙胧窿	miǎn	娩冕缅
lóu	娄	miáo	瞄
lǒu	篓	miǎo	渺藐
lòu	陋	mǐn	皿闽悯
lú	卢庐颅	míng	铭螟
lǔ	卤	miù	谬
lù	赂	mó	馍摹蘑
lǚ	吕侣铝缕履	mò	茉陌寞
lù	氯	mǔ	牡姆拇
luán	峦	mù	沐募睦穆
lún	抡仑伦沦		
luó	啰逻		**n**
luǒ	裸	nà	娜钠捺呐
luò	洛	nài	奈
		něi	馁
	m	nǐ	拟
ma	蟆	nì	昵匿溺腻
mǎ	玛	niǎn	捻撵碾
màn	曼幔蔓	niè	聂镊孽
máng	氓	níng	拧狞柠
mǎng	莽	nìng	泞
máo	锚	niǔ	钮
mǎo	铆	nóng	脓
méi	枚玫媒楣	nüè	疟虐
mèi	昧媚	nuò	诺懦糯
méng	朦檬		
měng	锰		**o**
mī	咪	ōu	殴鸥
		ǒu	呕藕

p

pá	耙
pà	帕
pái	徘
pài	湃
pān	潘
pàn	畔
páng	庞螃
páo	刨咆
pēi	胚
pèi	沛
pēng	砰烹
péng	彭硼鹏澎篷
pī	坯霹
pí	啤
pì	屁譬
piān	翩
piáo	瓢
pín	频
pìn	聘
píng	坪屏
pō	颇
pú	菩蒲
pǔ	圃浦
pù	瀑

q

qī	柒凄栖嘁
qí	歧祈脐崎畦鳍荠
qì	迄泣契
qiā	掐
qián	乾黔
qiǎn	谴
qiàn	嵌
qiāng	呛
qiāo	跷
qiáo	荞憔
qiào	俏峭窍翘撬
qiè	怯
qīn	钦
qín	秦擒
qǐn	寝
qīng	氢卿
qíng	擎
qióng	琼
qiū	蚯
qiú	囚
qū	岖蛆躯
qǔ	娶
quán	痊
qué	瘸

r

ráng	瓤
rǎng	攘
rèn	纫韧
róng	茸溶蓉榕
rǒng	冗
róu	蹂
rú	儒蠕

rù	褥		shǔn	吮
ruǐ	蕊		shùn	瞬
rùn	闰		shuò	烁硕
			sī	嘶
s			sì	伺
sà	飒萨		sǒng	耸
sāi	腮		sòng	讼
sān	叁		sū	酥
sāo	搔骚臊		sù	粟溯
sè	涩瑟		suǐ	髓
sēng	僧		suì	祟遂隧
shā	刹砂		suō	唆梭
shà	啥煞霎		suo	嗦
shān	杉珊苫		suǒ	琐
shàn	擅膳赡			
sháo	芍		**t**	
shē	奢赊		tà	蹋
shè	赦		tāi	胎苔
shēn	呻绅笙		tài	汰
shēng	甥		tān	瘫
shī	虱		tán	昙谭潭檀
shǐ	矢屎		tǎn	袒
shì	恃拭嗜		tàn	碳
shū	抒枢淑		táng	棠搪
shú	秫赎		tǎng	淌
shǔ	黍署蜀曙		téng	誊藤
shù	恕庶墅漱		tī	剔
shuài	蟀		tí	啼
shuān	栓		tì	屉涕
shuàn	涮		tián	恬

tiǎn	舔
tiáo	笤
tíng	廷
tóng	彤瞳
tǒng	捅
tū	凸
tuí	颓
tuì	蜕褪
tún	臀
tuó	驮鸵
tuǒ	椭
tuò	拓唾

w

wā	洼
wān	豌
wǎn	宛婉惋
wàn	腕
wǎng	枉
wēi	偎薇巍
wéi	桅
wěi	纬苇萎
wèi	尉谓猬蔚魏
wēn	瘟
wěn	吻紊
wēng	嗡
wèng	瓮
wō	涡蜗
wū	巫诬
wú	芜梧蜈

wǔ	捂鹉
wù	坞晤

X

xī	昔晰犀熙嬉蟋
xí	媳
xǐ	徙铣
xiá	匣侠暇辖
xiān	锨
xián	涎舷
xiàn	腺
xiāng	厢湘镶
xiáng	翔
xiāo	萧硝箫嚣
xiáo	淆肖哮
xiào	啸
xiē	楔蝎
xié	挟谐
xiè	懈蟹
xīn	芯锌
xìn	衅
xīng	猩
xíng	邢
xiōng	匈汹
xiù	嗅
xū	旭
xù	恤酗婿轩
xuān	喧
xuán	玄漩
xuǎn	癣

xuàn	炫	yo	哟
xuē	靴薛	yǒng	蛹踊
xūn	勋熏	yōu	幽
xún	驯	yòu	佑
xùn	汛逊殉	yū	迂淤
Y		yú	隅逾舆
yá	蚜涯衙	yù	吁芋郁喻寓豫
yà	讶	yuān	鸳渊
yān	腌蔫	yuán	袁猿辕
yán	阎蜒檐	yuè	岳粤
yǎn	奄衍	yún	耘
yàn	砚唁谚堰	yǔn	陨
yāng	鸯	yùn	酝蕴
yàng	漾	**Z**	
yāo	夭吆	zá	砸
yáo	肴姚	zǎn	攒
yǎo	舀	zāng	赃
yé	椰	záo	凿
yè	掖谒腋	zǎo	蚤藻
yī	伊壹揖	zào	噪
yí	夷胰	zēng	憎
yì	屹抑邑绎奕逸溢	zhā	喳
	肆	zhá	铡
yīn	茵殷	zhà	乍诈栅
yín	吟淫	zhāi	斋
yǐn	蚓瘾	zhān	毡瞻
yīng	莺婴缨鹦	zhàn	栈绽蘸
yíng	荧莹萤	zhāng	彰樟
yǐng	颖	zhàng	杖账

zhāo	昭	zhǔ	拄
zhǎo	沼	zhù	贮蛀
zhé	辙	zhuàn	撰
zhè	蔗	zhuāng	妆桩
zhēn	斟榛	zhuàng	幢
zhěn	疹	zhuī	椎锥
zhēng	怔狰	zhuì	坠缀赘
zhěng	拯	zhūn	谆
zhī	吱	zhuō	卓拙
zhǐ	趾	zhuó	灼茁酌琢
zhì	挚掷窒滞稚	zī	咨
zhōng	盅衷	zǐ	籽姊滓
zhòng	仲	zōng	综
zhóu	轴	zòu	揍
zhǒu	肘帚	zú	卒
zhòu	咒	zǔ	诅

三、常用字笔画顺序表

一画

一　乙

二画

二　十　丁　厂　七　卜　人　入　八　九　几　儿　了　力
乃　刀　又

三画

三　于　干　亏　士　工　土　才　寸　下　大　丈　与　万
上　小　口　巾　山　千　乞　川　亿　个　勺　久　凡　及
夕　丸　么　广
亡　门　义　之　尸　弓　己　已　子　卫　也　女　飞　刃

习　叉　马　乡

四画

丰　王　井　开　夫　天　无　元　专　云　扎　艺　木　五
支　厅　不　太　犬　区　历　尤　友　匹　车　巨　牙　屯
比　互　切　瓦　冈　贝　内　水　见　午　牛　手　毛　气
止　少　日　中　片　仆　化　仇　币　仍　仅　斤　爪　反
升　长　仁　什　冈　贝　内　水　见　午　牛　手　毛　气
介　父　从　今　仓　月　氏　勿　欠　风　丹　匀　乌　凤
凶　分　乏　公　火　为　斗　忆　订　计　户　认　心　尺
勾　文　六　方　孔　氏　勿　欠　风
引　丑　巴　孔　予　劝　双　书　幻
队　办　以　允

五画

玉　刊　示　末　未　击　打　巧　正　扑　扒　功　扔　去
甘　世　古　节　本　术　可　丙　左　厉　右　石　布　龙
平　灭　轧　东　业　归　且　旦　目　叶　甲　申　叮
卡　北　占　田　旧　帅　只　兄　叮　叫　另　叨　叹　四
电　号　失　禾　由　史　央　且　他　斥　瓜　乎　丛　令
生　仗　代　仙　史　只　仔　外　处　冬　鸟　务　包
付　甩　印　乐　们　仪　白　犯　他　斥　瓜　乎　写　让
用　主　市　立　句　匆　册　外　它　讨　奶　奴　礼
饥　兰　半　汁　汇　头　汉　宁　穴　出　辽　写　加
闪　必　议　边　记　永　司　尼　民　它　讨　辽
训　皮　发　汇　记　头　汉　宁　穴
召　圣　对　台　矛　纠　母　幼　丝

六画

式　刑　动　扛　寺　吉　扣　考　托　老　执　巩　圾　扩

扫　地　扬　场　耳　共　芒　亚　芝　朽　朴　机　权　过
臣　再　协　西　百　存　而　页　因　匠　夺　灰　达　列
压　厌　在　有　邪　划　迈　毕　先　至　贞　师　尘　尖
死　成　夹　轨　团　同　吊　吃　吃　此　吗　屿　帆　岁
劣　光　当　早　肉　网　年　朱　朱　吸　舌　竹　迁　乔
吐　吓　虫　曲　伐　延　件　任　伤　丢　份　华　仰　仿
回　岂　刚　则　向　似　后　伤　舟　价　会　杀　合　兆
伟　传　乒　兵　危　旬　任　舟　行　全　多　争　色　壮
休　伍　伏　优　亦　刘　行　各　各　名　产　决　充　妄
伙　伪　自　血　州　汗　旨　次　次　衣　忙　兴　宇　守
企　众　爷　伞　军　许　齐　池　池　好　访　寻　那　迅
创　肌　朵　杂　阴　污　汗　讽　讽　巡　她　妈　戏　羽
冲　冰　庄　庆　纤　论　　　江
闭　问　闯　羊　　　奸　　　如
并　关　米　灯　　　约　　　纪
宅　字　安　讲　　　防
尽　导　异　孙　　　级
阵　阳　收　阶
观　欢　买　红

七画

寿　弄　麦　形　进　戒　吞　远　违　运　扶　抚　坛　技
坏　扰　拒　找　批　扯　址　走　抄　坝　贡　攻　赤　折
抓　扮　抢　孝　抗　坊　坑　抖　护　壳　志　扭　块　声
均　抛　投　坟　芽　芹　花　芬　苍　芳　严　芦　劳　克
把　报　却　劫　李　杨　求　更　束　豆　两　丽　医　辰
苏　杆　杠　杜　来　连　步　坚　旱　盯　呈　时　吴　助
材　村　杏　极
励　否　还　歼
县　里　呆　园

旷 围 呀 吨 足 邮 男 困 吵 串 员 听 盼 吹
鸣 吧 吼 别 岗 帐 财 针 钉 告 我 乱 利 秃
秀 私 每 兵 伸 作 伯 伶 佣 低 你 住 位 伴
估 体 何 但 彻 役 返 余 希 坐 谷 妥 含 邻
身 皂 佛 近 角 删 条 卵 岛 迎 饭 饮 系 言
岔 肝 肚 肠 床 库 疗 应 冷 这 序 辛 弃 冶
龟 免 狂 犹 汪 沙 汽 沃 泛 沟 没 沈 沉 怀
冻 状 况 闷 宏 牢 究 穷 灾 良 证 启 评 补
忘 闲 间 弟 灵 层 尿 纽 迟 局 改 张 忌
判 灶 灿 宋 即 妙 妖 努 忍 劲 鸡 驱
忧 快 完 诉 阻 附 驴
初 社 识 君 纹 纺
诊 词 译 陈
际 陆 阿 纲
纯 纱 纳 纸
驳 纵 纷

八画

奉 玩 环 武 青 责 现 表 规 抹 拢 拔 拣 担
坦 押 抽 拐 拖 拍 者 顶 拆 拥 抵 拘 势 抱
垃 拉 拦 拌 拨 择 抬 其 取 苦 若 茂 苹 苗
幸 招 坡 披 茎 茅 林 枝 杯 柜 析 板 松 枪
英 范 直 茄 事 刺 枣 雨 卖 矿 码 厕 奔 奇
构 杰 述 枕 妻 轰 顷 转 斩 轮 软 到 非 叔
丧 或 画 卧 旺 具 果 味 昆 国 昌 畅 明 易
奋 态 欧 垄 附 呼 鸣 咏 呢 岸 岩 帖 罗 帜
肯 齿 些 虎
庞 肾 贤 尚
昂 典 固 忠
岭 凯 败 贩

委依乳周底单泻宝视弦细
季货受胁府卷注学衫屈组
和佩采服庙券泡怪衬刷练
秆侨斧股夜郑沿怜诚届线
刮凭爸肥店闹泊怕房居艰
乖侧命朋享闸油性肃录参
物侦金胀京诗泪肩隶始贯
牧侄舍肿变刻怖建绍经
垂版所肢饲饰炎详姐驼
知例径肺饱泄实试郎姓
制使彼肤狐净法波审帘该陕姑驻
钓供爬贫备兔废浅沸宜空询孤妹终
图侍迫念鱼狗炊沫泥定官诞孟限织
购佳的征贪昏忽剂炒炉泳宗宙话承降驶

九画

城挤荣柿殃盼蚂罚
挎挣荡柱残是思峡
垮垫茫柳牵尝蚁炭
项指荒柏耍省虾哪
持挑茶查耐省面胃界砍咳
封拾茧相面竖临览贵咬
型括带柄砌临界面竖响
挂拴草栋砍览临哈
毒挺巷枯厚点战咱
玻挡革标厘背昨哗
珍赵挥药咸砖哑骂
帮赴按甚南研皆显星咽
春政挖某胡歪鸦哄显映品
奏挠拼挪故栏威轻眨冒虽

贱　贴　骨　钞　卸　缸　拜　看　矩　怎　性　选　适　秒
钟　钢　钥　钩　重　复　竿　段　便　俩　贷　顺　修　保
香　种　秋　科　俗　　　拜　俊　盾　待　律　很　须　叙
促　侮　俭　俗　鬼　侵　追　俊　盾　待　律　很　须　狡
俘　信　皇　泉　鬼　侵　追　俊　盾　待　律　很　须　狡
剑　逃　食　盆　胆　胜　胞　胖　脉　勉　狭　狮　独　狡
狱　狠　贸　怨　　　　将　奖　哀　亭　亮　度　迹　庭
急　饶　蚀　饺　饼　弯　将　奖　哀　亭　亮　度　迹　养
疮　疯　疫　疤　姿　亲　音　帝　施　闻　阀　阁　差　洒
美　姜　叛　送　　逆　总　炼　炸　炮　烂　剃　洁　洪　浓
类　迷　前　首　逆　总　炼　炸　炮　烂　剃　洁　洪　浓
浇　浊　洞　测　洗　活　派　洽　染　济　洋　洲　浑　浓
津　恒　恢　恰　宣　室　宫　宪　突　穿　窃　客　冠　语
恼　恨　举　觉　祝　误　诱　说　通　垦　退　既　屋　昼
扁　袄　祖　神　姥　姨　姻　娇　怒　架　贺　盈　勇　怠
费　陡　眉　孩　结　绕　骄　绘　给　络　骆　绝　绞　统
除　险　院　娃　姥　姨　姻　娇　怒　架　贺　盈　勇　怠
柔　垒　绑　绒　结　绕　骄　绘　给　络　骆　绝　绞　统

十画

耕　耗　艳　泰　珠　班　素　蚕　顽　盏　匪　捞　栽　捕
振　载　赶　起　盐　捎　埋　捉　捆　捐　损　都　哲
逝　捡　换　挽　耻　耽　恭　莲　莫　荷　获　晋　恶　真
热　恐　壶　挨　株　桥　桃　格　校　核　样　根　索　哥
框　桂　档　桐　配　　　　　　　　　　　　　　　
速　逗　栗　配　　　　　　　　　　　　　　　
翅　辱　唇　夏　础　破　原　套　逐　烈　殊　顾　轿　较
顿　毙　致　柴　桌　虑　监　紧　党　晒　眠　晓　鸭　晃
响　晕　蚊　哨　　　　　　　　　　　　　　　
哭　恩　唤　啊　唉　峰　圆　贼　贿　钱　钳　钻　铁

铃 铅 缺 氧 特 牺 造 乘 敌 秤 租 积 秧 秩
称 秘 透 笔 值 倚 倾 倒 倘 俱 倡 候 俯 倍
笑 笋 债 借 躬 息 徒 徐 舰 舱 般 航 途 拿
倦 健 臭 射 脏 胶 脑 狸 狼 逢 留 皱 饿 恋
爹 爱 颂 翁 席 准 座 脊 症 病 疾 疼 疲 效
脆 脂 胸 胳 旁 脑 畜 阅 羞 瓶 拳 粉 料 益
桨 浆 衰 高 烧 旅 烟 递 涛 浙 涝 酒 涉 消
离 唐 资 凉 浸 涨 烫 涌 悟 悄 悔 悦 害 宽
站 剖 竞 部 窄 容 宰 案 请 朗 诸 读 扇 袜
兼 烤 烘 烦 谅 谈 谊 难 预 桑 剧 屑 弱 陵
浩 海 涂 浴 娘 通 能 剥 悬 展 绢 绣 验 继
浮 流 润 浪
家 宵 宴 宾
袖 袍 被 祥
课 谁 调 冤
陶 陷 陪 娱

十一画

球 理 捧 堵 描 域 掩 捷 排 掉 堆 推 掀 授
教 掏 掠 培 接 控 探 据 掘 职 基 著 勒 黄
萌 萝 菌 菜 营 械 梦 梢 梅 检 梳 梯 桶 救
萄 菊 萍 菠 聋 袭 盛 雪 辅 辆 虚 雀 堂 常
副 票 戚 爽 眸 晚 啄 距 跃 略 蛇 唱 患 唯
匙 晨 睁 眯 啦 圈 铲 银 甜 梨 犁 笨 笼 笛
眼 悬 野 啦 啄 铜 售 停 偏 假 得 脱 盘 船
崖 崭 崇 圈 铜 脚 脖 脸 象 衔 唱 笨 够 猜
符 第 敏 做 偷
袋 悠 偿 偶 您
斜 盒 鸽 悉 欲
猪 猎 猫 猛 彩

馅 馆 凑 减 毫 麻 痒 痕 廊 康 庸 鹿 盗 章
竟 商 族 旋 望 率 着 盖 粘 粗 粒 断 剪 兽
清 添 淋 淹 淘 液 淡 深 婆 梁 渗 情 惜 惭
渠 渐 混 渔 惨 惯 寇 寄 宿 窑 密 谋 谎 祸
悼 惧 惕 惊 隐 婚 婶 颈 绩 绪 续 骑 绳 维
谜 逮 敢 屠 隆
弹 随 蛋
绵 绸 绿

十二画

琴 斑 替 款 堪 搭 塔 越 趁 趋 超 提 堤 博
揭 喜 插 揪 煮 援 裁 搁 搂 搅 握 揉 斯
期 欺 联 散 敬 葱 落 朝 辜 葵 棒 棋 植
惹 葬 葛 董 葡 棚 棕 惠 逼 厨 厦 硬
森 椅 椒 棵 确 雁 殖 雅 辈 遇 悲 紫 辉 敞 赏 掌 晴 暑 最 量
雄 暂 喇 喉 跋 跌 跑 遗 蛙 蛛 蜓 喝
喷 晶 喘 铸 铺 链 销 锁 锄 锅 锈 锋 锐
喂 赌 赔 稍 程 稀 税 筐 等 筑 策 筛
帽 智 毯 剩 集 焦 傍 储 奥 街 惩 御 循 艇
短 答 筋 鹅 筝 腊 脾 腔 鲁 猬 猴 然 馋 蛮
筒 傅 牌 堡 禽 阔 粪 尊 游 窗 裙 缎
傲 番 痛 释 童 普 渡 窝 裤 登
舒 羡 湾 窜 裕 嫂 道 曾 焰 愤 慌 惰 愧 愉 慨 割 温 渴 寒 隔 隙
就 滋 溉 憤 港 湖 渣 湿 温 割 寒
善 滑 富 遍 絮 谢 谣 谦 属 缘 强 粥 疏

十三画

瑞 魂 肆 摄 摸 填 搏 塌 鼓 摆 携 搬 摇 搞
塘 摊 蒜 勤 鹊 蓝 墓 幕 蓬 蓄 蒙 蒸 献 禁
楚 想 槐 榆 感 碍 碑 碎 碰 碗 碌 雷 零 雾
楼 概 赖 酬 鉴 晴 睡 睬 鄙 愚 暖 盟 歇 暗
雹 输 督 龄 蜂 嗓 置 罪 罩 错 锡 锣 锤 锦
照 跨 跳 跪 稠 愁 筹 签 简 毁 舅 鼠 催 傻
路 跟 遣 蛾 腾 腿 触 解 酱 痰 廉 新 韵 意
键 锯 矮 辞 慈 煤 煌 满 漠 源 滤 滥 滔 溪
像 躲 微 愈 谨 福 群 殿 辟 障 嫌 嫁 叠 缝
遥 腰 腥 腹
粮 数 煎 塑
溜 滚 誉 梁
滩 慎 　 塞
缠

十四画

静 碧 璃 墙 撇 嘉 摧 截 誓 境 摘 摔 聚 蔽
慕 暮 蔑 模 榴 榜 榨 歌 遭 酷 酿 酸 磁 愿
需 弊 裳 颗 蜘 赚 锹 锻 舞 稳 算 箩 管 僚
嗽 蜻 蜡 蝇 蝴 膊 膀 鲜 疑 馒 裹 敲 豪 遮
鼻 魄 貌 膜 熄 熔 漆 漂 漫 滴 演 漏 膏
腐 瘦 辣 竭 嫩 翠 熊 凳 骤 缩 慢 寨
端 旗 精 歉
赛 察 蜜 谱

十五画

慧 撕 撒 趣 赵 撑 播 撞 撤 增 聪 鞋 蕉 蔬
横 槽 樱 橡 飘 醋 醉 震 霉 瞒 题 暴 瞎 影
踢 踏 踩 踪 镇 靠 稻 黎 稿 稼 箱 箭 篇 僵
蝶 蝴 嘱 墨

躺　僻　德　艘　膝　膛　熟　摩　颜　毅　糊　遵　潜　潮
懂　额　慰　劈

十六画

操　燕　薯　薪　薄　颠　橘　整　融　醒　餐　嘴　蹄　器
赠　默　镜　赞　篮　邀　衡　膨　雕　磨　凝　辨　辩　糖
糕　燃　澡　激
懒　壁　避　缴

十七画

戴　擦　鞠　藏　霜　霞　瞧　蹈　螺　穗　繁　辫　赢　糟
糠　燥　臂　翼　骤

十八画

鞭　覆　蹦　镰　翻　鹰

十九画

警　攀　蹲　颤　瓣　爆　疆

二十画

壤　耀　躁　嚼　嚷　籍　魔　灌

二十一画

蠢　霸　露

二十二画

囊

二十三画

罐

四、次常用字笔画顺序表

二画

匕　刁

四画

丐　歹　戈　夭　仑　讥　冗　邓

五画

艾　夯　凸　卢　叭　叽　皿　凹　囚　矢　乍　尔　冯　玄

六画

邦　迂　邢　芋　芍　吏　夷　吁　吕　吆　屹　廷　迄　臼
仲　伦　伊　肋　旭　匈　凫　妆　亥　汛　讳　讶　讹　讼
诀　弛　阱　驮
驯　纫

七画

玖　玛　韧　抠　扼　汞　扳　抡　坎　坞　抑　拟　抒　芙
芜　苇　芥　芯　芭　杖　杉　巫　权　甫　匣　轩　卤　肖
吱　吠　呕　呐　邑　囤　吮　岖　牡　佑　佃　伺　囱　肛
吟　呛　吻　吭　彤　灸　刨　岷　牟　庇　佚　庐　灼　沐
肘　甸　狈　鸠　沧　忱　诅　诈　罕　屁　坠　妓　姊　妒
沛　汰　沥　汹　沧　沪　纬

八画

玫　卦　坷　坯　拓　坪　坤　挂　拧　拂　拙　拇　拗　茉
昔　苛　苦　苟　歧　苞　苗　苔　枉　枢　枚　枫　杭　郁　矾
奈　奄　殴　哎　咕　呵　咙　呻　咒　咆　咖　帕　账　贬　贮
卓　县　岳　侠　侥　侣　佟　卑　剑　刹　肴　觅　岔　瓮
氛　秉　狞　庞　岷　炬　沽　沮　泣　泞　泌　沼　怔　怯　虱
肮　肪　疚　卒　泯　诡　寻　屉　孤　弥　陋　陌　姆
疟　疙　宛　衩　祈　绊
宠　绅　驹
叁　绎

九画

契 贰 玷 玲 珊 拭 拷 拱 挟 垢 垛 拯 荆 枷
茬 荚 茵 茴 荞 荠 荤 荧 荔 栈 柑 栅 柠 俐
勃 柬 砂 泵 虐 昧 盹 咧 昵 昭 盅 勋 哆 炫
砚 鸥 轴 韭 钠 钦 钧 钮 毡 毡 秕 俏 俄 屏
哟 幽 钙 钝 蛮 奕 咨 飒 闺 闽 籽 娄 烁
侯 徊 衍 胚 恃 恍 恬 恤 宦 诚 诬 祠 海
胧 胎 狰 饵 咪
洼 柒 涎 洛
屎 逊 陨 姚
娜 蚤 骇

十画

耘 耙 秦 匿 埂 梧 捍 袁 捎 挫 挚 捣 捅 埃
耿 聂 莽 莽 莱 莉 莹 莺 梆 栖 桦 栓 桅 桩
贾 酌 砸 砰 唠 哺 剔 蚌 蚜 畔 蚣 蚪 蚯 哩
砾 殉 逞 哮 唆 峭 唧 峻 赂 赃 钾 铆 氨 秩
圃 鸯 唁 哼 豹 颁 胯 胰 脐 脓 逛 卿 鸵 鸳
笆 俺 赁 倔 郭 斋 疹 紊 瓷 羔 烙 浦 涡 涣
股 耸 舀 豺 诽 祖 谆 祟 恕 娩 骏
馁 凌 凄 衷
涤 涧 涕 涩
悍 悯 窃 诺

十一画

琐 麸 琉 琅 措 掠 捶 赦 埠 捻 掐 掂 掖 掷
掸 掺 勘 聊 娶 菱 菲 萎 菩 萤 乾 萧 萨 菇
彬 梗 梧 梭 硅 硕 奢 盔 匾 颅 彪 眶 晤 曼
曹 酝 酗 厢 趾 啃 蛆 蚓 蛉 蛀 唬 啰 唾 啤
晦 冕 啡 畦
啥 啸 崎 逻

崔　崩　婴　赊　铐　铛　铝　铡　铣　铭　矫　秸　秒　笙
笤　偎　傀　躯　兜　岬　徘　徙　舶　舷　舵　敛　翎　脯
逸　凰　猖　祭　阉　阐　眷　焊　焕　鸿　淮　淑　淌　淮
烹　庶　庵　痊　淹　淀　涮　涵　恬　悴　惋　寂　窒　谍
淆　渊　淫　淳　淤　谐　裆　袱　祷　堕　隅　婉　颇　绰　绷　综　绽　缀　巢
谐　谓　谚　尉

琳　琢　琼　揍　堰　揩　揽　揖　彭　揣　搀　搓　壹　搔
葫　募　蒋　蒂　韩　棱　椰　焚　椎　棺　椰　椭　粟　棘
酣　酥　硝　硫　颊　雳　翘　凿　棠　晰　鼎　喳　遏　晾　畴　跋　跛　蛔
蜒　蛤　鹃　喻　啼　喧　嵌　赋　赎　赐　锉　锌　甥　掰
氮　氯　黍　筏　腆　腋　腕　猩　猬　惫　敦　痘　痢　瘀　竣
翔　奠　遂　焙　滞　湘　渤　渺　溃　溅　湃　愕　惶　寓
窖　窘　雇　谤　媚　婿　缅　缆　缔　缕　骚
犀　隘　媒

瑟　鹉　瑰　搪　聘　斟　靴　靶　蓖　蒿　蒲　蓉　楔　椿
楷　榄　楞　楣　酪　碘　硼　碗　辐　辑　频　睹　睦　瞄
嗜　嗦　睱　畸　跷　跺　蜈　蜗　蜕　蛹　嗅　喻　嗤　署　蜀　幌　锚　锥　猿
锹　锭　锰　稚　颊　筷　魁　衙　腻　腮　腺　鹏　肆　猿
颖　煞　雏　馍
馏　禀　痹　廓　痴　靖　誊　漓　溢　溯　溶　滓　溺　寞
窥　窟　寝　裥　裸　谬　媳　嫉　缚　缤　剿

赘　熬　赫　蔫　摹　蔓　蔗　蔼　熙　蔚　兢　榛　榕　醇

碟 碴 碱 碳 辕 辖 雌 墅 喊 踊 蝉 嘀 嫚 镀
舔 熏 箍 箕
箫 舆 僧 孵 瘩 瘟 彰 粹 漱 漩 漾 慷 寡 寥
谭 褐 褪 隧 嫡 缨

十五画

撵 撩 撮 撬 擒 墩 撰 鞍 蕊 蕴 蝠 樊 蝎 樟 橄 敷
豌 醇 磕 磅 碾 憋 嘶 嘲 嘹 蝠 蝎 蝌 蝗 蝙
嘿 幢 镊 镐
稽 篓 瞟 鲤 卿 褒 瘪 瘤 瘫 凛 澎 潭 潦 澳
潘 澈 澜 澄 憔 懊 憎 翩 褥 谴 鹤 憨 履 嬉
豫 缭

十六画

撼 擂 擅 蕾 薛 薇 擎 翰 噩 橱 橙 瓢 螨 霍
霎 辙 冀 踱 蹂 螟 螃 螟 噪 鹦 黔 穆 篡 篷
篙 篱 儒 膳
鲸 瘾 瘸 糙 燎 濒 憾 懈 窿 缰

十七画

壕 薹 檬 檐 檩 檀 礁 磷 瞭 瞬 瞳 瞪 曙 蹋
蟋 蟀 嚎 赡 镣 魏 簇 偾 徽 爵 朦 臊 鳄 糜
癌 孺 豁 臀

十八画

藕 藤 瞻 嚣 鳍 癫 瀑 襟 璧 戳

十九画

攒 孽 蘑 藻 鳖 蹭 蹬 簸 簿 蟹 靡 癣 羹

二十画

鬓 攘 蠕 巍 鳞 糯 臂

二十一画

霹　躏　髓

二十二画

蘸　镶　瓤

二十四画

矗

参考文献

[1]　四川省语言文字工作委员会办公室. 普通话水平测试训练教程[M]. 修订本. 成都：电子科技大学出版社，2003.

[2]　刘照雄. 普通水平测试大纲[M]. 长春：吉林人民出版社，1994.

[3]　国家语言文字工作委员会普通话培训测试中心. 普通话水平实施纲要[M]. 北京：商务印书馆，2005.

[4]　任崇芬. 普通话训练教程[M]. 重庆：西南师范大学出版社，2004.

[5]　王茜，杨晓瑜. 普通话口语训练[M]. 开封：河南大学出版社，2005.

[6]　李元授. 辩论训练[M]. 武汉：武汉大学出版社，2003.

[7]　黄雄杰，朱蓓. 口才训练教程[M]. 广州：广东高等教育出版社，2006.

[8]　何彦杰，阎浩然. 普通话与口语表达教程[M]. 石家庄：河北科学技术出版社，2004.

[9]　李莉，徐梅. 普通话口语训练教程[M]. 北京：北京师范大学出版社，2011.

[10]　王海花，魏雪. 普通话与口语交际训练[M]. 北京：电子工业出版社，2011.

[11]　冯志纯. 现代汉语[M]. 重庆：西南师范大学出版社，2008.

[12]　马显彬，赵越. 普通话教程[M]. 厦门：暨南大学出版社，2005.

[13]　高廉平. 普通话训练与测试教程[M]. 重庆：西南师范大学出版社，2003.

后 记

《普通话语音与口语表达训练教程》是针对地方性本科院校学生的实际而特意编写的,本书旨在培养和提高学生说普通话的能力,使学生最终能熟练而准确地运用普通话,以适应将来工作、学习和生活的需要。本书侧重普通话的语音训练,力图做到理论与实践相结合。在编排体例上,本书还特意安排了辩论、演讲、朗诵、口语表达及普通话水平测试等内容,更加突出其实用性和实践性。

《普通话语音与口语表达训练教程》共十一章,由代晓冬任主编,欧阳俊杰、王浩、王益、闵毅、陈家春任副主编,本书编写组具体分工如下:

第一、二章由代晓冬编写,第三、四章由王浩编写,第五、六章由闵毅编写,第七、八、九章由欧阳俊杰编写,第十章由陈家春编写,第十一章由王益编写。全书由代晓冬统稿。

本书得到了四川理工学院人文学院、四川理工学院教务处和西南交通大学出版社的大力支持,本书的编写也参考了国内同行的教材和著作的相关内容,在此,对他们一并表示衷心的感谢。

由于时间仓促,本书在编写中难免有挂一漏万之处,敬请专家、同行以及广大读者批评指正,以帮助我们在以后的修订中进一步充实和完善。

本书编写组
2012 年 8 月